JN437923

반얀트리

Deep roooted

반얀트리 Deep roooted

초판 발행일 | 2014년 10월 30일

지은이 | 최지은 글, 사진
펴낸이 | 김미희
펴낸곳 | 몽트

출판등록 2012. 12. 18 제251-2012-65호

주소 | 441-480 | 수원시 권선구 당수동 234
전화 | 031-501-2322 팩스 | 031-501-2321
메일 | memento33@hanmail.net

값12,000원
ISBN 978-89-6989-011-5

최지은 수필집

반얀트리

Deep roooted

몽트

목차

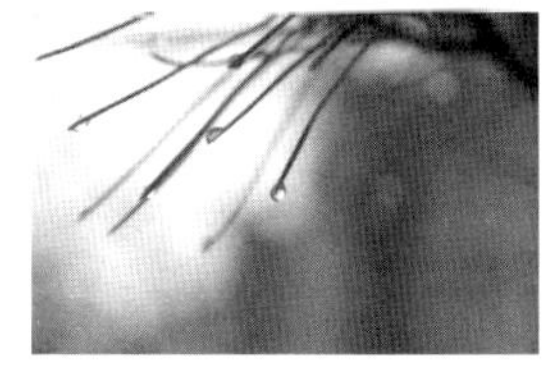

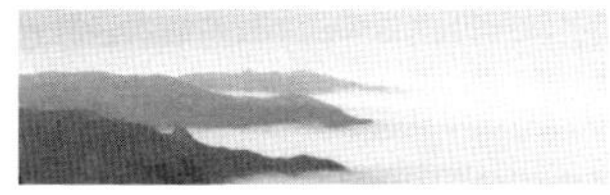

작가의 말

삶의 햇살과 바람의 인연

고맙습니다.
하고 많은 글 중에서 이 초라한 글에 관심 가져 주시고 읽어 주시는 그대 고맙습니다.

산다는 것이 무엇인지는 알 수 없지만 돌아보면,
대단한 무엇인가를 하겠다고 매달리고 열정을 품고 하면서도 정작 나 자신한테는, 나의 가족들한테는 소홀 했던 시간들이 너무 많았음을 느끼게 됩니다.

삶이란 것은 어쩌면 가족을 비롯한 나와 인연된 그들을 만나기 위한 여행이 아니었나 싶습니다. 사실은 나의 삶은, 나의 가족들을 비롯한 나의 가까운 사람들로부터 이루어지고 있었는데 말입니다. 나와 인연된 그들로 부터 미움, 슬픔의 감정들을 배우고 그것으로 사랑과 기쁨을, 그리고 무엇보다 그들이 바로 내 삶에 초대된 소중한 사람들이었음을 알게 되는 과정은 아니었나 하는 생각을 많이 하게 됩니다.

대단한 철학을 앞세운 글보다 지식을 앞세운 글보다 내 손금안에 초대되어 내 삶의 많은 부분을 함께 해준 이들과의 이야기를 하고 싶은 마음으로 이 책을 엮었습니다.

작고 초라한 나의 삶에 햇살과 바람을 뿌려 여기까지 오는 동안 함께 했던 깊은 인연의 그들, 짧은 인연의 그들, 모두에게 이 시간을 통해 고마움을 전하고 싶습니다.

바라건데,
저의 글로 인해 옆에 있는 사람의 소중함을 아는 것이 공자의 철학을 아는 것 보다 더 의미 있는 일이라는 것을 느낀, 저와 같은 생각을 하시는 분이 많아졌으면 하고 바래봅니다.

2014년 10월의 가을 날

저자 최 지 은

축하의 글

삶을 현명하게 산다는 것

강 미 애
수필가, 마음치유연구소 소장

사람은 누구나 자신의 흔적이 타인의 기억 속에 각별하게 깃들기를 바란다. 자신의 생의 한 순간이 사랑하는 사람에게 뚜렷이 각인되어 항구적으로 남아주기를 뜨겁게 열망하는 것이다. 그래서 생의 한 순간이 기억 속에 남아 있게 되면 사람들은 그것을 추억이라 부른다. 이때 추억은 그냥 머릿속에 남아 있는 '메모리 memory'와는 다른 '꿈꾸는 기억' 이다. 추억은 아무에게나 저절로 오는 것이 아니다. 그 순간의 생을 가장 치열하게 살아간 이들에게 남는 흔적이다. 그래서 흔적, 곧 생의 추억이 많은 사람은 그만큼 의욕적이고 치열하게 살아온 사람이다.

그러한 점에서 최지은 작가는 누구보다 열정적이고 치열하게 살아왔다고 생각한다. 그래서 그의 글은 그 소재가 남들이 다루는 흔한 소재이지만 단지 재생에만 그치지 않고 창조적 상상으로 연결되어 재미를 느끼게 한다. 더욱이 전체 길이와 문장을 지루하게 연결하지 않으며 언어의 구사는 시적리듬을 타게 함으로써 어느 수필과는 다른 신선함을 보여주고 있다.

삶을 현명하게 산다는 것, 그것은 자신을 잘 알고 살아간다는 것을 말한다. 자기가 놓여있는 자리, 자기가 하고 있는 일, 자기가 할 수 있는 능력 그 능력이 만들어낼 수 있는 자신의 꿈과 소망을 잘 알고 있는 사람이야말로 이상적인 삶을 산다고 할 것이다.

최지은 작가는 진정한 삶의 의미를 찾고자 문학의 길에 들어섰고 드디어 첫 작품집을 상재하게 되었다. 문학은 우리의 삶에 진실한 의미를 부여할 또 다른 나이테이다. 끊임없는 독서와 사색과 글쓰기는 상처를 치유하고 내가 가진 작은 행복을 더욱 감사하게 만들기 때문이다.

다시한번 수필집 "반얀트리" 의 출간을 축하하며 앞으로 더욱 진실하고 감동적인 글을 쓰기 위해 언제나 노력하는 작가가 되기를 기원한다.

2014년 가을 초입에

잠들지 못하는 시간들

봄날에

사랑이 그립다.

나는 사랑에 대해서 등화 관제된 광장처럼 어둡고 캄캄했다. 오십의 나이를 넘기면서 비로소 어두운 거리를 밝혀주는 사랑의 감정을 더욱 확실히 깨달을 수 있었다. 살면서 사랑이란 감정은 내가 원하기만 하면 언제나 가능한 것이라고 믿어 왔다. 그러나 그것은 사랑에 대한 오해였다. 사랑이라는 것은, 내게 인연된 사람, 그 사람에 대한 완벽한 열림의 감정, 그리고 알퐁스 도테의 '별'에서 나오는 목동의 마음 같은 순수가 있어야 가능한 것임을, 알지 못했다.

뿐만 아니라, 사람에 대한 사랑의 감정은 일에 대한 사랑보다 중요한 것이 아니라는 오만한 생각을 갖고 있었다. 흔히들 말하는 들뜬 감정의 열병 같은 '사랑' 이라는 것을 이루기에 지천명의 나이는 언제나 참으로 걸리적거리는 장애였다. 나이가 문제가 아니었다. 그 나이를 얻는 동안 길러 온 세상에 대한 잣대, 사람에 대한 잣대, 이성에 대한 잣대가 문제였다.

젊은 날에 가능했던 무조건의 열정을 이루기에 그러한 잣대들은 참으로 많은 이유와 불필요한 조건을 만들어 내었다. 그러한 잣대들을 내 안에 기르는 동안 세상을 사는 법에는 익숙해졌을지 모르지만, 나도 모르게 그때마다 열정과 사람에 대한 편견을 갖지 않는 순수한 마음을 잃는 것으로 세상사는 편리한 방법에 대한 대가를 치루어왔음을 깨달았다.

사랑에 대한 귀중한 의미를 깨달아서일까. 사랑을 주제로 모아놓은 이문열의 단편집 '사랑의 여러 빛깔'에 그려진 사랑의 모습들에 대해 생각이 많아진다.

사랑은, 어떤 사람들, 특히 여자들에게는 삶의 조건이며 이유이고 방법이 되기도 한다. 누군가를 한 번도 사랑하지 않은 채 평생을 살았다면, 얼마나 슬픈 삶이겠는가. 이야기가 없는, 아린 상처가 없는, 기억할 것이 없는 삶이야말로 얼마나 무미건조한 것이겠는가. 젖줄을 지녔고, 생명을 기르기 위한 자궁을 지닌 여자에게 있어 사랑이 없는 삶이 가능이나 한 것일까.

삶을 뒤돌아 볼 때 사랑이 이루어지고 이루어 지지 않고 하는 문제보다 어떻게, 얼마만큼 진실하게 사랑했는가가 더 중요한 것이었음을 깨닫게 된다.

단편집 내용 중 '에밀리를 위한 장미'에서 에밀리의 사랑을 들여다본다. '에밀리를 위한 장미'는 몰락한 명문가의 딸인 에밀리가 떠돌이 뜨내기를 홀로 사랑하는 이야기다. 가문의 무게로 인해 뜨내기를 사랑한다는 것을 표현할 수 없었던 그녀는 사랑하는 이를 곁에 두기 위해 남자를 박제시키기에 이른다. 결국 남자를 죽여 집 안에 두고 평생을 홀로 곁을 지킨다. 사랑이라고 하기보다는 집착에 가까운 그녀의 박제된 사랑이 그녀의 삶을 처절한 외로움 속에 가두어 놓은 결과가 되었음에 소름끼친다. 또한, 사랑은 참으로 다양한 얼굴을 지녔음을 '메디슨 카운트의 다리'에서나 알퐁스 도테의 '별' 양귀자의 '천년사랑' 등 여러 소설이나 영화에서 알게 된다.

매일 아침, 저녁으로 대하는 TV느라마에도 사랑이 빠진 이야기는 찾아보기 힘들다. 기다림과 때로는 사는 이유가 되는 사랑, 형태와 색깔을 달리한 사랑에 있어 정답이란 있을 수 없는 것이겠지만, 아픈 사랑도, 뱀의 독이 되는 사랑도 생에 있어 가장 행복한 모습의 어떤 것이었음을 느끼게 된다.

삶은 결국 사랑하는 방법을 깨닫게 하기 위한 훈련의 시간이 아닐까.

사랑할 때만큼은, 사람은 사랑이라는 정열만이 불러일으킬 수 있는 속일 수 없는 진실성에 굴복하게 되는 것 같다. 그 순간만큼은 닳아빠진 심성의 눈이 아닌, 순결한 눈으로 바라볼 수 있고 진실에 귀 기울일 수 있는 인간 본연의 모습이 되는 것 같다. 그것이 지닌 은은한 감동과 진실에 대부분의 거짓은 무릎을 꿇고야 만다.

알퐁스 도테의 작품 '별' 의 마지막 장을 덮을 때쯤 느껴지곤 하던 아련한 아픔 같기도 하고 슬픔 같기도 했던 마음을 잊을 수 없다. 그것은 혹 젊은 날 느꼈던 순수함을 상실한 아픔 때문이 아닐까. 싯 귀절 하나에 눈물이 그렁해지던 영혼, 그 순수는 어디로 간 것일까.

양귀자의 '천년사랑'에 잠깐 매료된 적이 있다. 그 책의 내용에서처럼 태어나면서 운명 지워진 사랑, 몇 겁이 흘러도 알아볼 수 있는, 태어날 때 손금으로 박혀진 인연에 대한 사랑이 정말 있을까 하는 의구심은 잠시 동안이었지만, 나와 인연이 있어 삶을 같이 하는 주변 사람들을 따뜻한 시선으로 바라볼 수 있게 했다.

삶의 갈피 속에 큰 걸음으로 혹은, 자욱이 남지 않을 발걸음의 모습을 띤, 사랑이라고 명명할 수 있었던 것들에 대한 추억이, 삶에서 찾아오는 혹독한 고통을 이길 수 있는 용기와 내가 어떻게 살아가야 할지에 대하여 푸른 신호등이 되어 왔음을 부정할 수 없다. 삶에서 오는 지독한 외로움과 배제할 수 없는 고통을 견딜 수 있었던 것은, 누군가에게로 가는 가없는 사랑. 그대를 향한 것일 수도, 나 자신을 향한 것일 수도 있는 사랑이 있었기 때문은 아닐까.

이 책을 읽는 동안 봄날을 닮은 사랑이라는 단어만이 줄 수 있는 울림을 느껴본다.

바람이 지나간 듯, 꽃을 본 듯, 눈물인 듯, 때로는 총을 맞은 듯 아프게 그려진 사랑을 느껴본다. 그리고 간절하게 사랑을 품을 수 있었던, 별을 닮은 순수함, 그것이 못 견디게 그립다.

아침

나는 어둠이 벗겨지는 순간을 사랑한다. 검은 장막이 비로소 빛을 잃고 뿌옇게 밝음의 모습을 드러내는 순간을, 몹시 좋아한다. 창을 통해서 혹은, 아파트 광장에서 그런 모습을 대하고 있노라면, 지난 밤 나를 잠들지 못하게 하고 지치게 했던 삶의 고뇌들이 스멀스멀 기운을 잃고, 가슴 깊은 곳에서 알 수 없는 무언가가 뜨겁게 솟구쳐 오르는 것을 종종 느끼게 된다.

아침 운동하는 사람들의 모습이 선명해 지는 순간은, 어둠을 함께 이겨낸 동지를 발견한 듯하다. 이렇듯 아침의 빛은 감동을 주기도 하고 길을 잃고 헤매다가 드디어 길을 찾아낸 것 같은 안도감을 느끼게 하기도 한다.

새벽 일찍 등교하기 위해 집을 나서는 아이가 안쓰러워 매일 같이 배웅을 해주었다. 아파트 광장을 지나 버스를 타는 곳까지 가는 동안 아이는 학교 이야기를 하기도 했고, 친구 이야기를 하기도 했으며 장래의 꿈을 이야기하기도 했다.

아이와 같은 또래의 아이들이 하나, 둘 정류장에 모여 들고, 아이는 버스를 탔다. 아이가 탄 버스의 모습이 희미해질 때까지 나는 정류장에서 떠나지 않았다.

아이가 탄 버스의 모습이 희미해지면 어둠은 힘을 잃어갔다. 아침은 푸른 신호등이 되어 내게로 다가오곤 했다. 아이는 언제나 자신의 모습이 희미해질 때 내게 아침을 내밀었다. 아이가 가는 길에 시작되는 아침이 있어 마음이 놓이곤 했다.

아이가 준 아침은 때로는 도로에 눈발을 가득 쌓기도 했고, 꽃이 피는 설렘을 주기도 했으며, 세찬 바람이 비와 함께 손을 내밀기도 했다. 훈풍을 내미는 아침은 기분 좋은 기운을 돋게 해서 공원을 배회하다 돌아올 수 있는 여유로움을 갖게 했고, 그러한 날은 지저귀는 새들의 소리도, 좀 시끄럽다 싶은 매미 소리도 듣기 좋은 노래로 들리곤 했다.

아무것도 변하지 않은 듯 조용하게 봄이 지나가고 여름 태양, 그 뜨거움을 향해 돌진하는 삶을 맞이하는 동안, 매번 아침은 새로운 바람과 햇살의 힘을 빌려 다른 옷을 입고 다른 기운을 준비해서 나를 맞곤 했다.

겨우내 꽁꽁 얼어 영원히 풀리지 않을 것 같은 추위도 슬며시 풀어 포근하게 만들고 새싹을 틔우고 꽃을 피워 냈다. 그리고 그 꽃이 시들고, 나무의 낙엽이 땅 위를 덮을 때까지 아침은 늘 똑같게, 혹은 다른 모습으로 새 날에 대한 희망을 주었다. 그러한 것들로 인해 오십이 넘은 나이에도 희망이라는 단어를 생각하곤 한다면 억지였을까?

어쨌거나 그 희망이라는 단어는 어줍잖게 이 나이에도 새 날에 대한 유혹을 느끼게 하면서 온통 달뜨게 만들곤 한다. 깨어나고 싶지 않은 충만한 유혹을 감싸 안은 그 희망에 대한 느낌은, 마치 사랑에 들뜬 여인네처럼 탄력 잃은 피부에 생기를 불어 넣어 주기에 부족함이 없다.

갑자기 아무 일도 일어나지 않을 것 같았던 내 인생이 삶이 줄 수 있는 어떤 이벤트를 위한 준비된 하루였던 것처럼 기내에 휩싸이게 한다. 삶에 있어 아침은 타미플루보다 더 큰 위안이 되는 신약임을, 깨닫게 된다.

신문과 TV뉴스를 장식한 지난밤의 사건 사고가 아무리 혹독한 것이었다 해도 새로운 날의 아침이 있다는 건 얼마나 믿음직한 선물인가.

아버지를 묻고 돌아서면서 치유할 수 없을 것 같았던 아픔도 몇 번의 아침을 겪는 동안 상처에 딱지가 앉는 듯 아물었고, 살면서 드문드문 내 뜻 대로의 삶이 아니어서 겪는 삶의 아픔에 대한 고통도 새 날이 지나고 또 새 날이 지나면서 새살이 돋고 치유가 되었다.

오늘도 나는 아이가 내민 아침으로 인해 가벼운 마음이 되어 집에 들어선다.

집 안의 창을 활짝 연다. 조금은 날근해진 여름날의 기운이 바람을 실어 내 집에 흩뿌린다. 내 집에 쏟아져 들어오는 아침.
그리고 비로소 시작되는 내 안의 새 날,

오늘이다.

계절의 길목

진실 하나로
잡을 수 있는 것 인줄
알았습니다.

속살마저
까맣게 태우는 열기 속에
숯덩이가 되어도

아파서 더 아름다운
맨 정신 하나로

당신을
보내지 않을 수 있으리라는
기대 때문에
행복했습니다.

한점
가을바람에 묻은
미움의 향기가
휘청이는 걸음이 될 줄
몰랐습니다.

오래된 수첩

미련을 버리지 못한 겨울이 서둘러 봄을 맞고 싶은 마음을 감질나게 하던 어느 날이었다. 아침부터 자박자박 내리는 비가 마음을 붙잡던 날 . 평소 전화가 많지 않은 내게, 알 수 없는 번호의 사람이 메시지를 보내왔다.

'건강하게 보내시길 바랍니나. 좋은 날늘이 되세요.'

서로에게 덕담을 주고받는 연말도 아니고, 이렇다 할 명절도 아닌 때에, 내게 좋은 날이 되기를 바란다는 메시지를 보내온 사람. 누굴까? 번호가 낯설다. 기억을 더듬어 보아도 누군지 알 수가 없었다. 우수를 담고 내리는 비에 온통 마음을 빼앗겼을 때 온 것 이어서일까, 별 뜻 없이 보내 온 메시지임에도 낯선 번호의 그 사람이 몹시 궁금했다. 발신자 번호로 전화를 해보면 금방 알 터이지만, 그렇게 할 수는 없었다. 내게 좋은 날을 보내기를 기원하는 사람을 정작 나는 알지도 못한다는 인상을 풍기기 싫어서였다. 일을 하면서도, 전화를 걸거나 받을 때에도 틈틈이 '누구지' 싶었다.

그러다가 그 주인공을 알게 되었다. 오래 전 이웃에 살았던 정희엄마였다. 지난 연말 우연히 길에서 만나 연락처를 주고받은 후, 까맣게 잊고 있었다. 궁금증을 일으킨 그 전화 번호 때문에 묵은 수첩들을 꺼내 들고 서야 비로소 그 주인공을 알게 되었던 것이다.

묵은 수첩들을 헤집는 동안, 눈가에 늘 푸른 멍을 매달고 있어 가슴을 아프게 했던 고은 엄마를 만날 수 있었다. 지금 고은 엄마는 어디에서 살고 있을까. 한 동네에 살면서 때때로 밤을 새워가며 이야기를 했던 그녀와는, 엄마로서의 이야기나 아무에게나 털어 놓을 수 없는, 글에 대한 이야기도 참으로 많이 나누었다. 장소에 구별 없이 폭력과 폭언을 일삼는 남편으로 인해 힘들어 했던 고은네는 이사를 가면서 '지금과는 다르게 살고 싶다' 는 말을 여러 번 했었다. 그녀의 소식 없음은 나름대로 이해되어 찾지는 않았지만, 내게서 고은네는 잊을 수 없는 사람이다. 그녀는 지금 원했던 만큼 다르게 살고 있을까.

묵은 수첩 속에서는 어린 시절을 함께 했던 동창이 걸어 나오고, 전화번호를 읽어 내려가는 동안 시선이 멈춰지는 번호가 있다. 내가 신혼 생활을 했던 집이다. 신혼시절에 살았던 그 집엔 대문을 들어서면 오래된 은행나무가 있었다. 마당에 가득 쌓여 청소에의 고통을 주곤 했던 은행잎은 주인집 아줌마의 푸념과 잔소리를 끝없이 늘어놓게 했다. 그 시절 자신을 괴롭게 했던 은행잎이 내겐, 더 할 수 없는 낭만이 되어 주었다는 걸 주인아줌마는 알까. 결혼을 한 지 얼마 되지 않아 남편이 좀 아팠었다. 남편의 병으로 나의 신혼생활은 남들이 생각지 못한 어려움이 많았다. 생활도 마음도 참으로 넉넉지 못했던 시절. 미래가 보이지 않는 생활임에도 마당에 쌓이는 은행잎은 어찌나 아름다웠던지 살면서 나는 그때만큼 마음 저리게 예쁜 은행잎을 본 적이 없다.

은행잎이 쌓인 마당, 그리고 새벽마다 울리던 기타소리. 잊고 살았는데, 수첩은 한 순간에 나를 그때 그곳에 머물게 한다.
노량진 수산 시장에서 수산물 경매 보는 일을 하던 주인집 아저씨는 밤에 출근하여 새벽6시경에 귀가를 했다. 생명들의 값을 매겼던 손가락을 씻어 내기라도 하려는 것이었을까. 아저씨는 집에 돌아오면 가만가만 기타를 치곤했다. 새벽에, 소리를 죽여 가면서 기타를 쳐야만 했던 아저씨의 마음은 알 수 없으나 그 소리가 너무 좋아 연인을 기다리듯 아저씨의 귀가를 기다리곤 했다. 흐린 새벽에 조용조용 들리는 기타소리가 어쩌다 내리는 비 소리와 함께 어우러질 때면 내 인생임에도 내가 어찌할 수 없는 안타까움을 위로해 주는 것 같아 눈물 짓곤 했다. 끝없이 이어진 어둡고 긴 터널을 지나는 것 같았던 그때에 기타소리와 쌓이는 은행잎만이 초라한 내 삶을 토닥여주곤 했다.

수첩은 한 동안 잊고 있던 은행잎을 앞세우고 기타소리의 흐름을 타면서 잠자고 있던 기억의 저편으로 나를 손짓한다. 수첩을 한 장 한 장 넘길 때 마다 아이들이 자라면서 아이들로 인해 인연이 되었던 이들이 한 컷 사진이 되어 살아나고, 특별히 인연이 깊어 지금껏 만남을 이루고 있는 지인들의 모습도 새롭게 얼굴을 비벼온다.

메모하는 습관 탓에 긁적여 놓은, 몇 마디의 글귀가 담긴 만남과 헤어짐이 이루어 놓은 얼굴들이, 낡은 수첩이 펼쳐질 때마다 그림자 깊은 여운을 남긴다. 무엇에 그토록 바빠서 나는 이들에게 소식 한 번 전할 여유 없이 살아 온 걸까. 내게 메시지를 보낸 그녀 덕에 잊고 있었던 이들에게 새삼스레 안부를 묻고, 편지를 쓰고, 메시지를 보내 감사의 말을 전한다. 수첩 속 그들을 만나는 동안 줄곧 가뿐하고 상쾌한 즐거움이 나를 설레게 했으며 지금의 삶이 내가 홀로 만든 것이 아님을 깨닫게 된다.

내게 메시지를 보낼 때 그녀 맘은 어떤 것이었을까. 설령 별 뜻

없이 보낸 것 이라 해도 그녀 덕분에 말로 표현할 수 없는 기쁨을 맛보았으니 고맙기 그지없다. 뜬금없이 안부를 전해 와서 과거로의 여행을 하게 한 그녀 때문에 수첩 속 나의 그들이 그리움의 또아리를 틀고 집을 짓는다. 내 기억에서만 존재하는, 수첩 속 그들에게 난 어떤 모습으로 남아 있을까. 혹, 그들에게 아무런 향기도 뿜어내지 못하는 모습은 아닌지 다시금 나의 삶을 생각해 보게 된다.

메시지를 보낸 한 순간의 마음이 내게 살아가면서 꿈꾸고 싶은 그림을 만들어 준 것을 그녀는 알까.

오늘 나는 내 휴대폰에 저장되어 있는 이들에게 정성껏 메시지를 보낸다. 정희 엄마가 내게 했던 것처럼 내가 보내는 메시지로 새로운 삶의 의미를 느끼게 될 지도 모를 그 누군가를 위해 글자를 누르는 손가락에 마음이 가득 모아진다.
'건강하세요, 그리고 늘, 좋은 날들이 되세요.'

호랑나비의 꿈

호랑나비가 내게로 다가와 머뭇머뭇 거리다 날아간다. 녹색의 청아한 잔디밭이 사진으로 보던 것 보다 더 싱그럽게 느껴진다. 이 년 만이다. 아니 더 솔직하게 이 년 팔 개월 만이다.

조금 피곤했었는데 대수롭지 않게 여겼던 것이 암 이라는 말을 듣게 했다. 운동과는 담 쌓고 사는 내가 유일하게 좋아 하는 운동이 골프다. 암 수술을 하면서 다시는 골프를 치지 못할 것이라 생각했다. 갖고 있던 골프채를 누구에게 줄까 하고 생각하곤 했었다.

짧지 않은 시간동안 항암치료를 했다. 병원 복을 입은 나의 모습에는 머리카락이 없었다. 한 올 남김없이 다 빠졌다. 다시 운동을 하게 되리라는 생각을 할 수가 없었다. 운동을 다시 할 수 없다는 것은, 못 한 다는 것과는 참으로 다른, 생각을 갖게 했었다. 쉽지 않은 병을 앓는다는 건 지독한 절망감을 안겨 주었다. 어쩌면 삶은, 내게 이토록 심술궂은지. 심술궂은 삶 앞에 내가 할 수 있는 일은 무릎을 꿇는 일 뿐이었다. 암 치료가 주는 통증보다 내 안의 내가 더 날 힘들게 했다. 잠이 들면 이대로 다시 깨이지 않았으면 하는 생각을 하게 했다. 생각을 접듯이 나를 접고 눈을 감았을 때가 차라리 위안이 되곤 했었다. 꿈을 꿀 수 없는 삶이 어떤 것인지를 알게 했다. 살기 위해 최선을 다 했다고 자부 했던 그 간의 삶이 무의미 하게 느껴졌다. 참으로 씁쓸했다. 허무와 공허함과 싸워야 하는 건 암 만큼이나 지독하게 아픈 것이었다.

티를 꼽고 하얀 공을 티 위에 얹는다. 공이 암 인양 노려보며 힘껏 골프채를 휘두른다. 타격을 가한 공이 나비처럼 날아간다. 타수는 상관없다. 내가 다시 잔디밭을 밟게 된 것 만으로 나는 충분히 홀인원이다. 잔디밭위로 쏟아지는 햇빛아래 팔을 벌리고 바람을 맞는다. 행복하다. 세상 뒷 켠이 아닌 한 중앙에 살아 있다는 것에서 갖게 되는 벅찬 감사와 꿈꾸게 되는 희망이 어떤 것인지를 사람들은 알까.
내일을 꿈이라는 것과 계획이라는 단어를 앞세워 말 할 수 있다는 것이 삶에서의 얼마나 크고 강력한 권력인지, 나는 안다.

공도 내 마음을 아는가보다. 예상을 할 수 없었던 스코어를 준다. 공이 날아가는 게 아니라 내가 날고 있음이 느껴진다. 지금 나와 함께 운동을 하고 있는 일행 어느 누구도 알지 못 할 나만의 비행이다. 벌린 팔 안쪽에 나에게 삶을 허락한 신이 준 나만의 날개가 퍼득덕 거린다. 항암치료로 인해 혈관이 다 막혔던 팔이었다. 더 이상 주사 바늘을 주입할 수가 없어 팔에 관을 박고 약물을 주입했었다. 관을 박은 팔을 치료하던 첫날 의사 선생님께 나는 웃으면서 물었다.
"선생님, 이 팔로 골프를 할 수 있을까요?"
그날 나를 어이없다는 표정으로 바라보기만 할 뿐 아무 말도 하지 못하던 의사 선생님이 생각난다.

나의 날개를 바라다본다. 푸르게 빛나는 나의 날개 아래 미소 짓는 한 남자가 보인다. 오늘 이 자리에 날 내 보내 놓고 마음을 조아리고 있을 남편이다. 병든 내게 다시 운동을 할 수 있는 꿈과 용기를, 그리고 통증마저도 사랑할 수 있게 해 준 사람, 내 눈 앞에 어른거리는 남편의 얼굴 위에 반짝 햇살이 머문다.

평탄하지 않은 내 삶의 이유가 그에게 있다고 젊은 날 함부로 독설을 퍼부어 대곤 했었다. 그가 아니면 살면서 고생을 덜 겪었을 것이라고 원망하며 지낸 날도 이루 헤아릴 수 없이 많다. 아프면서 내 독설의 독을 스스로 미워하고 미안해할 만큼 몇 곱의 마음을 그에게서 받았다. 남편은 내게 암으로 인한 고통을 겪는 동안 그 아픔만큼 삶과 사람에 대한 사랑을 알게 했다.

공이 날아간다. 나비가 되어 날아간다. 푸른 하늘을 가르면서 날아가는 하얀 나비를 바라본다. 나는 앞으로도 더 많이 머리가 뽑혀야 하는 암세포들과 싸워야 할 일이 생길지도 모르겠다. 아니 그 보다 더 고통스러운 날이 있을지도 모르겠다. 그런 날이 오면, 오늘의 햇빛을, 바람을, 내 남편의 고마움을, 그리고 이 행복함을 잊지 않고 생각할 것이다.

어쩌면, 나의 생은 그때마다 호랑나비를 내 앞에 날게 해 줄지 누가 알겠는가. 이러한 꿈을 꿀 수 있는 동안 삶은 나의 것, 나의 삶 아니겠는가.

아 침

살아 있는 동안은
피할 수 없는
너

오늘은
불꽃 화살을 메고 왔네.

마법처럼 열리는
하루
나는 유리구두를 신은
신데렐라
시간을 사는 배우가 된다.

맑은 숨결
따스한 손길
어둠을 깨우는 부풀은 꿈에
날마다 날마다
붉어지는 가슴

잎보다 먼저 핀
꽃의 부끄러움이
인연의 질곡이 되어도

사랑하지 않을 수 없는 너
기다리지 않을 수 없는 너

산다는 것은
결국
감출 수 없는 손금하나
햇살무늬로 심장에 새겨 가는 것

여름 수채화

그것은 더 할 수 없이 완벽했다. 아름다운 한 폭의 여름 수채화가 되어 주기에 부족함이 없었다. 아들은 여름 동안 온통 장어 이야기로 가득했다. 친구들 앞에서, 아들이 쓰는 일기장에서.
아들은 아마도 사실은 장어 이야기가 아니라 아빠 이야기를, 아빠와 함께 했던 시간을 자랑하고 싶었을 것이다.

남편은 한마디로 충청도 양반의 표본 같은 남자다. 몹시 엄격한 부분이 있어 평소 아이들과 농담을 하거나 즐거운 놀이를 한다는 건 꿈도 꾸지 못한다. 휴가가 되어도 아이들과의 나들이는 생각해 본 적이 없다. 평소 찾아보지 못했던 친정을 다녀오는 게 가장 즐거운 나들이였다. 올해도 별 기대 없이 그저 답답함이나 벗어나고자 길을 떠났다.

비 오는 길을 달려서 친정인 강릉엘 갔다. 차창에 부딪혀 내리는 빗소리는 언제 들어도 좋다. 비는 내리는 모습에 따라서 촉촉한 감정을 주기도 하고 쓸쓸한 감정을 주기도 하고 또 때로는 무서운 얼굴로 표독스럽게 퍼 부어 사람을 질리게 하는 심술도 부린다. 자박 자박 내려서 잠들게 하는 비, 그리움에 젖게 하는 이슬비, 무언가 가을걷이 같은 갈무리를 생각하게 하는 가랑비, 그 어떤 모습이건 비는 사람의 마음을 흔들어 놓고야 마는 것 같다. 사선으로 가파르게 내 지르는 빗속을 아이들과 함께 오랜 만에 달려 보았다.

어느 새인가 도시의 매캐함을 벗어나는 가 싶더니 하늘 색깔마저 다른, 그랬었다. 강원도의 공기는 경기도의 도시에서 느낄 수 있는 공기의 색깔과는 분명히 달랐다. 처음 와 보는 것도 아닌데, 정갈함이 묻어나는 향기와 맑은 공기 속에서만 느낄 수 있는 상쾌함이 느껴진다. 나도 모르게 슬며시 기분 좋은 목소리가 한 옥타브 올라간다. 떠나오길 참으로 잘 했다. 제주도가 아니어도, 네팔이 아니어도, 모두들 흔하게 떠나는 중국이 아니어도 일상을 벗어난다는 것은 역시 매력 넘치는 일임이 분명하다.

강릉에서의 하룻밤을 엄마와 보내고 우리는 가을 하늘과 보기 좋게 맞물린 초여름의 싱싱한 녹음이 펼쳐진 길을 따라 삼척엘 갔다. 그곳에선 '동굴 엑스포' 가 열렸는데 행사 중의 프로그램의 하나인 '맨손으로 장어 잡기 체험' 이라는 프로가 있었다. 동굴 구경도 하고 그 프로그램에 참석하기 위해서였다. 넓고 긴 강 한 모서리를 막아 놓고 그곳에 적지 않은 양의 장어를 풀어 놓고선 맨손으로 잡게 하는 놀이였다. 장어 잡기 놀이에 아들아이가 몹시 참가해보고 싶어 했다. 어떤 놀이에도 적극성을 보인 적이 없는 남편인지라 반신반의 하면서도 아들의 모처럼의 요구를 모른 척 할 수 가 없었다.

드디어 장어 잡기가 시작 되었다. 몇 번의 순서를 거치는 동안 나는 남편의 눈치를 보기에 여념이 없었다. 그런데, 순서가 가까워 오면서 남편은 흥분하기 시작하더니 우리 순서가 되었을 때 남편은 아들보다 더 장어 잡기에 열중했다. 남편의 모습은 평소의 모습이 아니었다. 장어 한 마리라도 더 잡기 위해 남편과 아들은 투사의 모습을 발휘하는데 힘을 아끼지 않았다.

남편은 엄격과 근엄함이 아버지의 모습이라 믿는 사람이다. 그런 모습으로 일관해 왔던 남편의 모습이 거기엔 없었다. 그토록 다정한 아빠의 모습일 수 가 있을까. 아들 앞에서 그토록 개구쟁이의 아빠 모습을 아들은 본 적이 있을까. 나는 아들 앞에서 그토록 개구쟁이 모습인 남편의 모습이 신기하고 즐거웠다. 놀이에 참가했던 우리 가족에게 그 시간은 몹시 즐겁고 유쾌한 시간이 되어 주었다. 그건 장어 잡기가 재미있어서만은 아니었다.

여름이 지나는 동안, 그때의 일은 여름의 태양보다 더 뜨거운 것이 되어 우리 가족에게 남았다. 징그럽게 보이던 평소의 장어의 모습이 어디론가 사라진 것처럼 아들의 손을 잡은 남편 역시 갑옷처럼 두른 '아버지' 라는 견고함을 사정없이 부서뜨렸다. 손에 잡히지 않기 위해 온 몸을 뒤 흔드는 장어로 그 순간 남편과 아들은 장어를 잡는 것에 최선을 다하는 동지 일 뿐이었다. 무섭고 어렵기만 했던 아버지가 자신의 손을 잡는 것을 본 아들은 참으로 기세가 등등하고 행복해했다.

무언가에 뜻이 맞아 '함께' 할 수 있다는 것이 얼마나 가슴을 든든하게 하는 것인지. 남편과 아들은 지금, 그들을 보고 있는 내게 얼마나 큰 행복을 주고 있는지 알지도 못 한 채 껄껄 깔깔 재미있기만 하다. 아이들과 어른들이 어우러져 금방 흙탕물이 된 강엔 건강함과 신선한 열정이 뒤엉키어 함성 같은 웃음을 자아내고 있었다. 자연과 사람이 하나 되어 웃음과 물방울 튀는 건강을 자아내는 그림은 참으로 아름다웠다. 언제였을까. 어디서였을까. 저렇듯 싱싱하고 아름다운 수채화를 본 때가 나에게 있기는 했었던가.

아버지에게 아들이 있다는 건, 아들에게 아버지가 있다는 건 세상을 살아감에 있어 얼마나 크고 든든한 그 무엇인지를 그날 나는 설명 없이 알게 되었다.

여름은 그렇게 갔다. 아들과 남편에게 '함께 할 수 있다' 는 든든한 포만감과 '함께' 라는 것에서만 느낄 수 있는 독특한 단맛을 남기고. 내게 가족이라는 것에서 느낄 수 있는 행복이 무엇인지를 뼛 속 깊이 각인시켜 놓고.

그날 이후 아들과 남편은 죽이 잘 맞는 친구처럼 다정하고 이야기가 많아졌다. 남편에게서는 그동안의 엄격함과 근엄함이 만들어 낸 견고함을 여름동안 볼 수 가 없었다. 남편은 자라고 있는 자신의 분신을, 아들은 저와 함께 했던 아버지를 마치 자신들만의 친구인 양 서로가 각별한 감정으로 대한다.
아버지와 아들. 가깝고도 멀었던 그 존재의 거리를 잘라 준 것이 장어임을 그들 역시 부정하지 못할 것이다.

오늘도 남편과 아들은 낚시를 떠났다. 둘이서만.
둘만이 교감이 되는 은밀한 웃음과 눈빛을 머금고.

소중한 그대

"엄마, 김치는?"
"으응, 없어. 오늘만 그냥 먹자."
"…"

오늘따라 유난히 김치를 찾는 아이들이 밉살스럽다. 노란 단무지를 김치로 대신 내 놓았건만 저희들 입맛을 영 못 맞추는지 식사가 끝나도록 투덜댄다. 평소엔 잘 먹지도 않으면서 꼭 떨어지고 나면 찾아대어 나를 곤란하게 한다.

며칠 전부터 몇 쪽 남지 않은 김치를 보고 김치 담가야지 하면서도 배추 값이 워낙 금값이고, 김치 담그기가 어디 쉬운 일인가. 대충 담근다 해도 하루를 꽉 채운 번거로운 작업이기에 하루하루 미루다가 결국은 일을 내고야 말았다.

저녁에 남편이 돌아오면 또 한 소리 들을 텐데 어찌해야 좋을지 모르겠다. 슈퍼에서 사올 수도 없고, 그렇게 하면 평소 김치를 담글 때 젓갈을 넣지 않는 나의 김치 담그는 방법 때문에 금방 알아채어 군소리가 많다. 내가 입맛을 그렇게 길들여 놓았으니 탓할 수 도 없다. 나는 김칫거리를 준비하기 위해 집을 나섰다.
배추한단 8,300원. 무 한 개 2,500원. 양파 한 망 4,500원 대파 한 단 3,500원.. 너무 비싸다. 만지작거려 보지만 선뜻 살 수가 없다. 마트를 빙글빙글 돌다가 나는 그만 그냥 돌아오고 말았다.

남편이 좋아하는 우렁 된장찌개를 끓이고 간이 잘 밴 고등어 반 토막을 구웠다. 아이들을 위해 좋아하는 계란말이도 하고 불고기도 오랜만에 맛깔스럽게 볶아 놓았다.
'이만하면 김치쯤 없어도 되겠지' 누구에게랄 것 없는 자위를 해 본다.

일과를 마치고 하루 동안 놓지 않았을 팽팽한 긴장의 줄을 끊어버리고 식구들이 식탁에 둘러 앉아 맛난 음식을 먹으로 이런저런 이야기를 할 때가 나는 참으로 좋다. 보통 이럴 때 아들아이와 딸은 친구들의 연애사 이야기, 학교 이야기, 마음에 드는 여자 친구에게 아직 말을 하지 못한 속마음을 내보이기도 한다. 남에게는 할 수 없는 흉 또한 허물없이 털어 놓아 우리를 즐겁게 만들기도 한다. 웃고 떠드는 사이사이에 젓가락과 숟가락 부딪히는 소리, 국물을 훌쩍이며 먹는 소리에서 나는 가족에 대한 정을 더욱 느끼게 된다.

그런데, 오늘은 좀 불편하고 어색하다.
불고기를 집어 먹던 남편의 젓가락이 다음 반찬을 찾지 못해 허공에서 떠돌더니, 결국 한마디 한다.
" 어, 김치가 없네!"
생선을 발라먹던 딸도 한마디 한다.
"엄마, 김치 안 놓았나 봐."
"으응, 김치…없어. 아직 못 했어." 나는 마치 무슨 잘못이라도 한 것처럼 목소리에 자신이 없다. 잘 흐르던 음악소리가 어느 한 부분 음 이탈을 할 것 같은 조바심과 안타까움이 식사하는 동안 내내 나를 불편하게 했다.

무얼 먹어도 아쉬웠다. 노란 단무지를 먹어 보아도, 당근과 오이를 먹어 보아도 잘 익은 김치를 대신 해 주지는 않았다. 아삭아삭하게 잘 익은 김치를 한 입 먹었으면 개운 할 것 같은 아쉬움이 식사 시간 내내 감질나게 했다. 깍두기, 배추김치, 물김치가 넉넉할 때는 그저 한 두 번 집어 먹는 것에 불과 하던 김치가 오늘은 신경써서 만든 식단을 느낌 없는 이야기처럼 아쉽게 만들었다.

설거지를 하면서 나는 김치 생각에 혼자 웃었다. 존재에 대한 소중함을 김치가 생각하게 해서였다. 있을 때는 모르다가 그것이 사라지고 나면 느끼게 되는, 더 이상의 설명이 필요 없을 그 사실을, 요란한 반찬의 모습도 아니고, 드러나지 않는 모습으로 있으면서도 김치가 다른 반찬들을 얼마나 값지게 해 주고 있었는지를 새삼 깨닫게 했다.
김치 때문에 나는 혹 옆에 있다는 것 때문에, 손쉽게 구할 수 있다는 것 때문에 소흘하게 대해왔던 것은 없는지를 오래도록 생각해 보게 되었다

내일은 김치를 담가야겠다. 아무리 비싸고 하루를 꽉 채운 번거롭고 힘든 일이 되더라도 가족을 위해, 나를 위해, 나만이 할 수 있는, 나만의 맛있는 김치를 내일은 꼭 담가야겠다.

멀어지는 너

조금 전까지 팔짱끼고 깔깔거리며 날 행복하게 하던 넌 두 어 번 돌아보다 GATE38번 안으로 쏙 들어가더니 모습이 보이지 않는다. 그 곳에 들어가서 너는 또 낯선 그 곳에 잡혀 허둥대기도 하고, 새침하게 능청도 떨고 하면서 나의 탯줄에서 떨어져 나가는 연습을 하겠지. 팔짱 꼈던 체온이 아직 미지근하게 남아 있는데.

저녁시간이라 그런가. 너의 체온보다 더 빨리 공항 속에서 왁자스럽던 사람들이 콩나물이 뽑혀 나간 듯 한 움큼 사라져버렸다. 공항이 넓어졌나. 네가 채웠던 자리가 넓었던 걸까.

어디로, 무얼 하겠다고 이렇게 먼 곳을, 내가 알지도 못하는 곳으로 널 보내는 건지. 공부하라고 부담되는 말만 늘어놓았던 것 같아서 자꾸 뒤를 돌아보게 된다.

좀 더 너와 시간을 많이 보낼 걸.
잘 다녀오렴.

차를 세워 놓은 주차장에 와서 차키를 꼽는데 나를 불러 세우는 한 무리의 바람이 다시 널 생각하게 한다. 춥지 않았으면 좋겠는데, 여름이 없다는 그곳, 따뜻했으면.

빈 공원에서

조용히 아침을 준비하였습니다. 아침식사를 준비해 놓고 아직 자고 있는 아이들과 남편이 깰까봐 조심하면서 집을 나섰습니다. 시간은 조금도 이른 시각이 아닌데 사람과 차들이 보이지 않아 마치 이른 새벽에 길을 나선 것처럼 내 딛는 걸음이 조심스럽기만 합니다.

지금 이 시간 쯤 이면, 시골의 시가(媤家)에선 차례준비와 천 마리 가까운 돼지들 밥 주기, 소 여물주기, 아이들 챙기기로 무척이나 분주스러울텐데 며칠 전에 걸린 감기가 너무 심해서 아무래도 명절을 맞아 시댁에 다니러 오는 여러 사람들을 불편하게 할 것 같아 가지 않았습니다.

혼자라도 다녀왔으면 좋으련만 아픈 아내를 두고 씩씩하게 고향에 다녀올 주변도 없는 남편은, 고향에 가지 못한 속상함도 감추지 못합니다. 남편의 투덜댐은 마음 쓰이지 않는데 일 년에 한 번 뿐인 아이들의 명절을 빼앗은 것 같아 마음이 자꾸만 무겁습니다.

그래서였을까요. 밥을 지으면서 이곳에 오기로 마음먹은 것은. 집 가까운 곳에 있어 이곳을 다니는 사람들은 많이 보면서도 봄이 지나는 것을, 가을이 머무는 것을 구경만 했습니다. 남들이 집 가까운 곳에 등산로가 놓인 공원이 있음을 부러워해도 나에게 있어 이 곳은 어쩌다 들르는 곳 일뿐 이었습니다. 그러던 곳이 아무도 찾는 이 없는 명절 날 이른 아침에 마치 그리운 연인과 남몰래 약속이라도 되어 있는 양 나를 달뜨게 했습니다.

등산객으로 북적이던 공원이 사람의 모습이 보이지 않고 한적하기만 한 모습이 오늘이 여느 날과 다른 날임을 다시 한 번 일깨워 줍니다. 아무도 가지 않은 길을 나 혼자 살며시 밟아 보는 기분이랄까요. 로버트 프로스트가 쓴 시(詩) '가지 않은 길(The load not taken)이 생각납니다.

내가 어렸을 때엔, 겨울이 되면 참으로 눈이 많았습니다. 밤새 쌓인 눈이 아침이면 아무도 밟지 않아 흐트러진 곳이 한 점도 없는 모습은 참으로 경탄을 금치 못하게 했습니다. 그때 처음으로 하얗게 펼쳐진 눈 길에 처음 발을 딛던 때의 떨림이 생각납니다. 살면서 그와 같은 떨림을 몇 번이나 가져봤을까요. 내가 찍게 될 발자국에 대한 흥분된 떨림을, 두려움이라고는 찾을 수 없고 오직 신비감에만 쌓였던 그 떨림은 이상하게도 오랜 시간 동안 가져본 기억이 없습니다. 로버트프로스트의 시와 함께 빈 공원에서 그 때의 떨림을 가져봅니다.

혼자 설레어 길을 걷는데 저만치에 색깔 고운 장갑이 등산을 돕기 위해 쳐 놓은 줄 위에 걸쳐 있는게 보입니다. 작고 앙증맞게 생긴 모양이 여자 아이 것인 것 같습니다. 아마도 흘리고 간 것을 누군가가 주워 그렇게 해 놓았나 봅니다. 색깔 고운 장갑이 밤새 서리 맞아 하얗게 막을 드리우고 물방울 되어 얼어 있는 모습이, 장갑에게 밤은 무척이나 견디기 힘들었으리라 여겨집니다. 제 몸에 서리가 끼어 한 올 한 올 맺히는 물방울로 얼어가면서 장갑은 저를 버린 채 잊은 주인을 원망했을 지도 모르겠습니다. 물건이든 사람이든 버려진다는 것은 슬픈일이니까요. 혹 나도 모르는 사이에 버린 사실조차 잊어버린 물건은 없었는지, 그렇게 소흘하게 대해 온 사람은 없었는지 모르겠습니다.

장갑에 대한 사념에 삼겨 있는 내 시야에 한 무리의 가족들이 시끌벅적대며 오는 모습이 잡힙니다. 지금껏 텅 빈 공원의 주인이었던 나는, 요란한 그들 앞에 나도 모르게 숨죽인 이방인이 되어 그들이 지나는 길목에서 슬며시 비껴납니다. 시가에 갔더라면 나의 아이들도 저렇듯 즐거운 모습일 것 같은 생각에 나는 또 큰 잘못을 한 사람처럼 기가 죽습니다.

멀리서 늦은 아침 해가 천천히 떠오릅니다. 해라고 보기 어려운, 그저 밝은 빛을 주는 것에 지나지 않을 만큼 약하게 떠오른 해였지만 그로 인해 주위가 조금씩 따뜻하게 덥혀져 오는 것 같습니다. 그 모습을 지켜보다가 문득 나는 걷고 있는 내 발걸음 소리를 들어봅니다. 나의 발걸음 소리는 너무도 작아 잘 들리지 않습니다. 희미한 발걸음 소리가 맘에 들지 않아 힘주어 또박또박 걸어봅니다. 힘 주어 걷는 내 발걸음 소리는 주위의 한적함을 깨우는 소란스러움을 주기는 하지만 잔뜩 주눅이 들었던 조금 전과는 달리 무언가 알 수 없는 용기를 주는 것 같습니다.

결혼을 한 후, 오랫동안 나 자신을 잊은 채 남편과 아이들 그리고 시가에 맞추어 살아온 날들을 되새기게 합니다. 그렇게 살아온 것을 후회하는 건 아니지만 나도 모르게 자신을 비껴난 삶에 길들여져 내가 좋아하는 것, 내가 원하는 것, 내가 하고 싶은 것에서 소극적이었던 어제까지의 날들이 많은 생각을 하게 합니다.

명절 아침에, 남편과 아이들의 명절에 대한 기대에 부응하지 못한 것이 돌이 킬 수 없는 커다란 잘못을 저지른 것처럼 잔뜩 주눅 들어 했던 것이 순간 너무도 어처구니없어 나는 더욱더 힘을 주어 걷습니다. 그리고 지금부터는, 나에게서 비껴나지 않는 삶을 살아 보리라 다짐합니다.

한 무리의 사람들이 또 몰려옵니다. 그들의 눈에 비치는 내 모습은 당당하고 힘있게 보이길 바래봅니다.

여름밤의 여행

작가 신경숙은 그의 작품 「새야 새야」에서 농아들이 수화로 말하며 지내는 것을 '허공에 대고 그린 말 그림' 이라 했다.
나는 지난 날, 그네들(농아)과 잠깐 동안 함께 생활을 했던 적이 있다. 그네들과 생활하면서도 표현하지 못했던 것을 신경숙씨는 어떻게 알았을까.

방안 가득 그네들이 모여 앉았다. 무언가를 의논하기 위해서였는데 농아들이었기에 일반인들처럼 시끌벅적 대는 모습은 볼 수 없었다. 그러나 조용한 외침의 모습이 어떤 것인지를 알게 했다. 표정과 손짓은 강렬했고 험악해 지기도 했으며 어느 순간 무척 부드러운 표정이 되곤 했다. 무슨 말인지는 알 수 없어도 보는 것만으로도 그들의 이야기 내용은 무척 심각한 것임을 알 수 있었다.

그들이 서로에게 표현하고 있는 손짓 끝에서 묻어나는 말이 유치환이 표현했던 '소리 없는 아우성' 을 위한 깃발 같기도 했고 신경숙의 표현대로 '허공에 그리는 그림' 처럼 보였었다. 들리지 않는 소리에 대한 간절함, 할 수 없는 말에 대한 아픔이 내게 고스란히 전달되어 와서 그들과의 생활을 무척이나 아린 마음으로 지냈었다.

짧은 단편을 읽고 또 읽어본다. 여름날의 더위를 좀 식혀볼까 하는 마음으로 가볍게 집어 들었던 그녀의 책은 한동안 잊어버렸던 그때 그들에 대한 아픔을 되살아나게 했다. 농아들의 마음을 대변해 놓은 듯 한 작가의 글들이 내 몸의 아픈 점들을 건드려 놓아 우울하고 고독하게 만들어 버린다. 작가는 굴속을 헤집는 햇살 같은 단어들로 내 마음 속 깊은 곳에 자리한 그리움을 들추기도 하고 아픈 상처를 보듬기도 한다. 그저 그윽한 응시의 눈으로 바라보기도, 아늑함과 따뜻한 눈빛으로 바라보기도 하면서 나의 온 밤을 걷어가 버렸다.

쓴다는 것은, 이렇게 먼 거리에서, 혹은 가까운 거리에 있는 이에게, 말을 들을 수 있는 이에게. 혹은 들을 수 없는 이에게까지 자신의 가슴을 전 하고 공감할 수 있게 한다는 것이 나에게 쓰고픈 이유와 갈망을 준다.

본문 중에 사랑에 대하여 작가는 '세상의 공기 속에 섞어 놓을 수만 있다면…' 이라는 말로 사랑에 대한 말을 하고픈 그네들의 갈망을 그려놓았다. 그네들의 소리에 대한 갈망을 작가는 '세상의 모든 소리를 다 들어서 속을 채우면 말을 못해 공허한 자리가 메워 질 것만 같았다.' 라고도 그려놓는다. 많은 소리에 둘러 싸여 살고 있는 우리에게 소음으로 밖에 여겨지지 않는 그 소리에 대한 그들의 배고픈 갈망이 아프게 느껴져 그 책은 여름 밤을 하얗게 새우면서도 손을 놓게 하지 않았다.

언어의 연금술사 같은 그녀의 글이 나의 뼛 속 마디마디에 또아리를 틀며 자리하는 바람에 뜨거운 여름밤을 날이 선 칼에 손을 베인 듯 아리게, 차가운 얼음물에 손을 담근 듯 시리게 보낸 것을 작가 신경숙, 그녀는 알까.

꿈꾸는 세상을 위하여

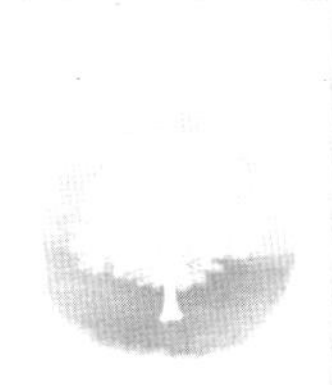

스고이

일본에서의 아침은 까마귀 울음으로 시작되곤 했다. 날이 밝아오는가 싶으면 여지없이 들리는 건 참새소리가 아닌, 여름내 시끄럽게 아침잠을 괴롭히던 매미소리도 아닌, 까마귀 울음소리였다. 까마귀에 대한 달갑지 않은 개인적 선입견 때문일까. 아니면 사업에 대한 부담감 때문일까. 일본에서는 까마귀가 길조의 새임을 알면서도 까마귀 울음으로 시작되는 아침은 가볍지 않았다. 나도 모르게 진지해졌고 긴장되었다.

나는, 오늘, 또, 낯선 일본말들로 가득 차 있는 공간에서 현지 바이어들을 만나야 한다. 우연찮게 시작한 사업은 끝없이 나를 일속으로 몰아갔다. 사업 아이템에 대한 연구와 마케팅, 제품생산에 따른 미팅들로 몹시 바쁘게 보냈다. 아이를 낳는 산고와는 또 다른 산고를 톡톡히 치루고 일본 동경에서 일 주일간 열리는 전시장에 나의 제품이 선정되어 출품하기 위해 왔다. 우리나라 전시장 코엑스 규모의 3배쯤 되는 빅사이트 전시장이다.

입으로는 끝없이 '놀랍다' 는 의미의 '스고이' 를 외치면서도 절대 호락호락하지 않는 일본인을 포함한 외국 바이어들의 마음을 나의 제품이 사로잡기를 간절하게 기도하는 마음이기에 아무래도 긴장감이 없을 수는 없다.

일본은 내가 무척 동경하던 나라였다. 이렇게 일을 하기 위한 곳으로가 아닌 여행지로 가장 선망하던 나라였다. 눈이 많은 북해도에서의 며칠을 꿈꾸기도 했었고 동경의 멋있는 야경을 바라보는 나의 모습을 꿈꾸기도 했었다. 그랬던 곳을 관람이 아닌 사업을 하기 위해 오게 될 줄은 몰랐다. 인생은 내일을 알 수 없다는 것이 참으로 매력적인 일 인 것 같다.

하루 종일 다리가 통통 붓도록 서서 제품 설명을 했다. 한사람의 바이어라도 더 만나야만 하기에 관광은 생각조차 할 수 없었다. 어쩌다 통역관이 자리를 비우면 나는 나의 제품에 대하여 손짓, 몸짓, 눈짓에 최선을 다했다. 전하고픈 간절함, 알리고자 하는 것에 대한 갈망, 사랑을 전하고 싶은 마음이 이보다 더 했을까 싶을 만큼 그들의 눈길과 관심을 받기 위해 온 마음과 정성을 다했다.

이 일을 하기 전, 나는 알지 못했다. 쉽게 사용하고 겁 없이 비판했던 많은 물건들을 만든 이들의 기도와 정열로 만들어진 땀을. 하나의 제품을 만들기 위해 치뤄 내야 하는 수많은 실패를 앞세운 상처들을. 산업에 대한 인간의 인내와 경이로움, 그 위대함을!

생을 처음 시작한 이는 누구일까. 그는 왜 시작하게 되었을까. 정작 생을 마칠 땐 아무것도 손에 쥘 수 없으면서 왜 이렇게 많은 것을 필요로 하며 만들게 했을까. 젊지 않은 나이에 시작한, 내게는 아직 너무도 낯설고 서툴기만 한 사업은 때로 신호등 없는 칠흑의 길을 홀로 걷고 있는 것처럼 두려움과 공포, 외로움을 가져다준다. 무언가에 대하여 판단하고 결정해야 한다는 것은 권리보다도 두려움을 먼저 알게 했다. 끝없는 갈등을 동반하게 했고 갈등 속에서 무엇을 잃고 무엇을 얻을지에 대하여 결정해야만 했다.

드라마 속에서 시원스럽게 행하는 거래 모습을 볼 때는 너무도 멋있는데 현실 속에서의 사업은 멋과 낭만대신 고통과 인내와 아픔, 고독을 동반해야 했다.

사업은 때때로 낯선 나라 낯선 사람들과의 대면에서 거울 속에 비치는 어두운 사신의 모습과 대적하고 있는 것 같은 느낌을 준다. 인생에서 싸울 상대는 그 누구도 아닌 나 자신임을 깨닫게 한다. 생이라는 것이, 무언가를 이루어야 하는 것에 의미를 둔다면, 두려움이 주는 고독을 이겨내어 그 속에서 태어나는 어떠한 성취감을 맛보게 되는 일, 그것은 분명 인간이 꿈꾸는 행복의 어떤 모습일지도 모르겠다.

바이어들의 예의상 단어가 아닌 진정한 '스고이'를 외치며 나의 사업 아이템에 미소를 지을 때까지 나는 앞으로도 낮과 밤이 없는 생활을 더 해야만 하겠지만, 삶에 있어 자신이 할 수 있는 일이 있다는 것은 꿈만큼이나 축복받은 일임을 의심하지 않는다.

내게 주어진 단 일 주일밖에 안 되는 시간, 어쩌면 다시 주어지지 않을지도 모르는 기회임을 알기에 나는 최선을 다한다. 중용에도 작은 것에 정성을 다하면 생육된다 하지 않았는가. 나의 제품이 이 곳에 나와 있다는 것은, 나만의 것이 아닌 한국이라는 국적을 앞세운 것이기에 도도하게, 친절하게, 신뢰 깊게 그들의 '스고이'를, '오우케이'를 따내야 하는 것 아니겠는가.

어디서 오는 사람들일까. 한 무리의 바이어들이 내 앞에 놓인 제품들을 향해 다가온다. 나는 미소를 지으며 그들 앞에 나선다.

"이라샤이마센~" (어서 오세요.)

간 구

이제는
그만
만나고 싶다.

태어날 때부터
목숨처럼
손금으로 그어진 인연

밤마다
그리움의 화형식을 치룬다.

이제는
그만
만나고 싶다.

속살을 인두로 지져대는
보고픔의 사슬에서

이제는
그만
놓이고 싶다.

달빛 아래 눈물

언니는 벌써 몇 바퀴를 돌고 있는지 모르겠다. 한 걸음 한 걸음 밟는 발자국이 사뭇 간절해 바라볼 수가 없다. 언제나 체격만큼이나 듬직하고 크게만 보였던 언니였다. 그런데 월정사 앞마당에 세워진 탑을 돌고 있는 언니는 너무 작고 가엾게만 보인다.

부모에게 자식이란 뭘까. 모두들 자식을 위해 산다고들 한다. 그런데 사실은, 부모를 살아갈 수 있게 하는 것이 자식이 아닌가 싶다.

언니는 사업을 시작하면서 알 게 된 지인이었다. 나의 친 언니는 아니지만 삶에 대한 생각도 많이 닮고 싶고, 사업에 대한 어려움을 토로 할 때마다 내 마음을 잘 보듬어 주는 내게서는 몇 명 되지 않는 고마운 언니였다. 살면서 마음과 생각이 맞는 사람을 안다는 것이 얼마나 큰 행복인지 언니를 알면서 알게 되었다.

언니와 나는 서로 바쁜 탓에 시간을 많이 함께 하지는 못해도 가끔씩 시간이 나면 사업과 삶에 대한 이야기를 밤이 늦도록 하곤 했다. 자상한 남편에 얼굴도 예쁜 언니는 무엇 하나 부족함 없는 사람이다. 그런 언니가 요즈음 우울증이 생겼다고 언니의 남편이 내게 도움을 청했다. 그냥 있을 수 없어 도심 변두리에서 지내는 언니를 찾았다. 우울증이란 말을 들어서 일까. 언니의 얼굴이 어둡다.

달빛이 내려앉는 시골 길은 참으로 아름다웠다. 도심 가까운 곳에 이토록 아름다운 곳이 있다니 매번 올 때 마다 감탄하게 된다. 밤이어서 더 은은함을 풍기는 시골길은 옛 동화 속 볏 가마를 서로 날라다 주었다던 형제의 밤 같은 시골 길을 생각하게 했다. 그 길을 언니와 함께 걸었다.

얼마만큼 걸었을까. 그날 쏟아 낸 언니의 울음을, 나는 잊을 수가 없다.

언니에게는 아들이 하나 있다. 결혼이 늦은 언니가 뒤 늦게 아이를 낳았는데 아이의 지능이 좀 모자란다. 나이는 청년인데 지능은 아직 어린 아이이다. 말이 많이 늦고 행동은 어리고 어눌하다. 아이는 특수학교에 다닌다. 그걸 모르고 있었던 것은 아니었다. 다만 그건 나와는 상관없는, 남의 일이었다. 볼 때마다 안쓰러웠던 건 사실이지만, 역시 내 일은 아니었다. 그런 언니의 아들을 자주 본 적도 없을 뿐만 아니라 언니에게서 아들에 대한 이야기를 들을 때 뿐이었을 뿐 돌아오면 그러한 사실조차 잊고 지내기 일쑤였다.

나에게 '그런 일' 에 불과한 그 일이 언니에게는 그동안 몹시 힘든 고통이었나 보다. 미래에 대해 아무런 꿈을 꿀 수 가 없다고 한다. 나이가 들어 갈수록 자신이 죽은 후 아이가 걱정이 되어 편히 잠들지 못하는 날이 많아 졌다고 평소에는 하지 않던 말을 한다. 사업이 잘 되어서 수입이 늘어도 아이에 대한 걱정 때문에 고통스럽다며 울먹인다. 아들에게서 갖는 고통이 너무 컸던 걸까.

머리가 희끗희끗하고 중년의 모습이 완연한 여인의 소리 없는 울먹임은 몹시도 마음을 아리게 했다. 아이만 정상적인 아이로 만들 수 있다면 하고는 끝내 북받치는 울음을 참지 못하고 오열한다. 얼마나 참았던 눈물이었을까. 남 부러울 것이 없는 언니라고 평소 생각했었다. 그동안 내 가슴에 닿지 않았던 언니의 깊디 깊은 고독이 느껴져 아무 말도 할 수 없었다. 늘 부럽기만 했던 언니가 내 앞에서 아이처럼 울음을 토해 내는 모습은 감당하기 힘들고 당황스럽게 만들었다. 언니의 울음은 오래도록, 뼈 사이에 옹골차게 들어 앉아 있었던 울음이었음이 저리게 느껴져 어떤 말로도 위로가 되지 않을 듯 했다. 잔잔하게 들여오는 풀벌레 소리조차 노래 같아 언니에게 미안한 마음이 들었다. 시인 김현승의 눈물이 이러했을까. 언니가 자식에게 꿈 꿀 수 없었던, 건강한 자식에 대한 꿈이 알알이 눈물이 되어 밤하늘을 떠돌았다. 언니의 가슴 속 깊은 고독을, 그가 느끼고 있는 아픔을, 어찌 다 알 수 있겠는가. 내 아이들의, 또 남의 아이들의 그 사소한 정상적인 행동들이 언니에게는 얼마나 가슴 시린 부러움이었을까. 새삼스레 생각없이 내 아이들을 칭찬 하며 자랑스러워했던 나의 행동이 떠올라 언니의 얼굴을 볼 수가 없었다. 조심성 없고 사려 깊지 못한 '나의 자랑' 이 언니의 가슴에는 뽑을 수 없는 징이 되어 박혔으리라.

그날 내가 언니에게 해 줄 수 있는 건 용기를 가지란 말 밖에 없었다. 그런 말이 사실은 언니에게 아무런 용기가 되지 못한다는 사실이 마음 아프게 했다.

집에 와서도 맘이 편하지 않았다. 언니의 눈물이 잊혀지지 않았다. 아픈 마음을 달래주고파 언니와 월정사를 찾았다. 언니를 위로하고 싶은 맘이지만 위로가 될지는 알 수가 없다.

불상 앞에 고개를 조아리고 무릎을 꿇는 언니가 안쓰럽기만 할 뿐이다. 그의 기도를 부처님이 들어 주기를 기도해 본다. 언니는 탑을 돌며 소원을 빌면 이루어진다는 말에 매달리기라도 하려는 듯 두 손을 모으고 몇 시간 째 쉼 없이 탑을 돌고 있다. 그 마음을 부처님이 알아주기를 간절히 바래본다. 그리고 할 수 만 있다면 부처님이 언니의 손을 놓지 않아 그 힘으로 아이에게 꿈꾸며 살 수 있는 언니가 되기를, 간절하게 기도한다.

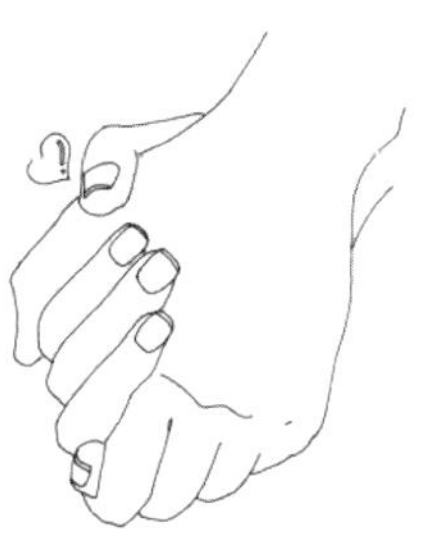

노을

하루 종일 책을 읽었다. 매번 마음을 좀 어지럽히는 일이 생기면 그 일에서 벗어나 볼 요량으로 나는 책을 읽는 버릇이 있다. 그럴 때면, 소설책을 비롯해서 그동안 이런 저런 이유로 읽기를 미루어 두었던 책들을 꺼내어 쉬지 않고 읽는다. 슬픈 소설의 주인공이 되어보기도 하고 이루고 싶었던 전문가의 일을 그린 글을 보면서 대리만족도 느껴보고 하는 것이 나의 스트레스 해소법중의 하나이다.

책을 읽는 동안은 현실에서의 속상한 일에 둘러 쌓여 있는 나를 잊을 수가 있어서 좋았다. 책을 읽는 양이 많아지면서 어깨와 엉덩이, 그리고 엎드려 읽는 버릇 때문에 가슴 명치 부분이 아파와 적당히 고통스러워질 때가 되면 나는 그날 마음을 어지럽히곤 했던 일의 이유조차 잊어버리게 된다.

오늘도 그랬다. 요즘 잘 풀리지 않는 회사일로 몹시 피곤한 날들을 보냈다. 혼자의 시간이 필요했다. 회사 일을 생각하지 않을 어떤 것이 필요했다. 평소의 습관대로 미루어 두었던 책들을 꺼내들었다.

하루 종일 책을 읽다가 문득 무엇엔가 놀란 사람 마냥 고개를 드니 사방이 발그레하다. 집안 가득 내 시선이 머무는 곳마다 현란한 노을이 번지고 있었다. 울적한 심사 때문일까. 처음 보는 노을도 아닌데 오늘의 노을은 유난스레 마음을 끌었다. 나는 읽던 책을 덮고 하얀 새털모습을 한 구름을 색칠하고 있는 노을을 바라다보았다. 영화에서나 봄 직한 누군가 대단한 사람이 태어날 때의 조짐을 알리는 것 같은 조금은 웅장하다 싶은 노을이 날 그대로 책을 볼 수 없게 했다.

나는 커피를 한잔 마련했다. 나 혼자 바라보고 있는 노을이 너무도 아름다워 눈물이 났다. 노을사이에 눈물이 섞이면서 마치 오늘 나의 울적함이 이 노을이었던 것만 같은 생각이 들면서 잊고 지냈던 지난 시간의 편린들이 한 도막, 내 앞으로 깨어나 자리한다. 어스름한 기억의 저 편에 있는 잊을 수 없었던 또 다른 노을이 생각났다.

오래 전 일이다. 내가 잘 따르고 좋아했던 문학회 선생님 한 분이 꽤 오랫동안 병원에서 병을 치료하고 있었다. 선생님의 보고 싶다는 말 한마디에 마음을 같이 한 문학회 회원 몇 명과 함께 문병을 갔었다. 선생님은 오랫동안 병에 시달린 탓인지 많이 야위어 있었다.

우리 일행들과 담소를 나누는 것 조차 무척 힘들어 하셨다. 선생님께 글을 배우면서 나는 참으로 많은 작가들과 만날 수 있었다. 선생님이 소개하는 작가 모두 마음에 새겨질 정도로 영향도 많이 받았었다. 선생님은 나에게 글만 가르쳐 준 사람이 아니었다. 정신도 자라고 마음도 자라게 한 선생님은 나에게 삶의 어떤 부분을 향한 신호등 같은 분이셨다. 많은 부분을 의지하고 따르고 싶었던 선생님이 스러져 가는 모습은 참으로 마음을 아프게 했다. 선생님의 그러한 모습을 아무렇지 않게 대하기란 쉬운 일이 아니었다. 이야기의 대부분을 미소로 대신 하는 힘없는 몸짓이 더 할 수 없는 마음의 아픔을 느끼게 했다.

그날, 선생님을 만나고 나오는 병원 뜨락에는 화사하다 못해 화려하게 느껴지는 노을이 쏟아지고 있었다. 생명이 많이 남아있지 않는 선생님의 안타까운 모습을 보고 나오는 마음 탓 이었을까. 비교할 수 없는 황홀한 노을이 선생님이 머문 병원 문을 닫고 돌아서자 뜰 안 가득 잔칫상처럼 차려진 모습에 심한 배신감을 느꼈었다. 화려한 노을로 펼쳐진 아름다운 정경이 주는 아픈 배신감 앞에 우리 일행은 말을 잇지 못했다. 조금 전의 선생님의 모습이 아름다운 노을을 보면서도 아름답다고 소리 내어 말을 할 수 없게 했던 그날의 노을은 어이없게도 내가 살면서 바라본 가장 아름다운 노을이었다.

보고 싶다. 그 생각을 하는 순간 잊고 살았던 선생님이 못 견디게 보고 싶어진다. 노을은 커피로 시작했던 나를 어느 새인가 소주 한잔에 그리움을 싣게 한다.

선생님이 계셨던 내 마음 속 그 자리에 이제는 선생님과 함께 했던 그 시간도, 선생님의 얼굴도 지워져버린 그 자리에 지금까지도 분명하게 퇴색되지 않고 남아 있는 건 그 날의 노을 뿐이다. 예나 지금이나 변함없이 화려한 모습으로 퇴색되지 않는 노을 앞에서 영원히 선생님을 잊지 않겠다 마음먹었던 그날의 나는 어디로 갔을까. 선생님의 얼굴마저 잊고 살아왔던 내 자신이 문득 너무도 밉다. '변함없음' 을 따라 하지도 못하고 노을이 사라질 때의 모습처럼 아름답게 생을 마감하지도 못하는 우리네 인간사가 측은하고 안쓰럽게 느껴진다.

오늘도 변함없이 새의 깃털처럼 하늘에 수놓은 구름 사이로 오렌지 색 노을이 색체를 더해간다. 노을의 색체가 더해질수록 잊었던 선생님에 대한 그리움이 짙어진다.

창 밖은 더욱 붉어져 그 빛은 점점 내가 앉은 거실까지 점령해 온다. 한 잔의 술에 실린 그리움이 노을이 되어, 거실에 펼쳐진 노을처럼 내 마음속을 붉게 붉게 물들여 놓는다. 가고 오지 않는 사람처럼 오늘의 노을도 어느 순간엔 내 기억의 한 부분에만 남아 있을 것이다.

노을은 그리움, 그리움은 술이 되어 나의 집도, 나의 얼굴도, 나의 마음도 발갛게, 발갛게 물들여 갔다.

노래방에서

딸의 시험이 끝났다. 딸의 시험이 끝나면 딸 못지않게 나도 해방이다. 별 도움을 주지도 못하면서 딸아이가 시험을 치룰 때면 내가 수험생이 된 양 긴장되고 피곤하다. 이제는 아침 일찍 단 꿈에 젖어 있는 딸을 사정없이 깨워야만 할 때의 고통에서 벗어 날 수 있다. 뿐만 아니라 늦은 밤 피곤을 덕지덕지 달고 들어오는 모습을 안쓰러워하면서도 책상에 앉는 모습을 보아야 맘이 놓이는 것에서도 드디어 해방이다. 안쓰러움과 초조함으로 가득 했던 날들을 보내고 오늘, 딸아이는 시험을 끝낸 것이다. 아니 내가 끝낸 것이다. 그냥 있을 수 없다. 나는 딸 아이 보다 더 흥분이 되어 저녁 먹기가 무섭게 제안 했다.

" 얘들아, 오늘 그냥 있을 수 없잖니, 노래방 가자."

아들, 딸의 손을 잡고 남편과 함께 집을 나섰다. 아들과 딸은 우리와(남편과 나) 노래방 가는 걸 그다지 좋아하지 않는다. 그도 그럴 것이 아이들이 좋아하는 요즈음의 노래는 우리에게 맞질 않고 우리에게 맞는 노래는 옛날노래 라서 아이들을 즐겁게 해 주질 못하니 그 마음 이해가 간다. 그걸 모르는 바 아니지만 이 순간을 놓칠 순 없다. 얼마 전부터 익히기 시작한 노래 장윤정의 '첫사랑'을 부르기 위해 나는 벌써부터 마음이 즐겁다.

무언가 즐거움을 위한 계획이 있다는 건 마치 인생의 덤불 속에 알 수 없는 이벤트가 숨어 있는 것처럼 마음을 설레게 한다. 다양한 색깔의 조명이 돌아가고, 큐 사인과 더불어 제일 먼저 아들아이가 '빅뱅'의 노래를 불렀다. 목청껏 핏줄을 돋아가며 노래하고 있는 아들은 제 모습이 빅뱅의 한 모습이기를 꿈꿀 것이다. 아들은 그들의 사진을 모으고 그와 같은 머리모양을 하고 싶어 하며 그와 똑 같은 춤을 추고 싶어 한다. 아들에게 그들은 이루고 싶은 꿈의 한 모습으로 자리한다.

그 다음은 딸, 딸은 '열심히' 보다는 '예쁘게' 부르는 것에 더 마음을 둔다. 신나는 노래보다는 분위기 젖는 노래를 부른다. 어릴 때 그 아이는 동네 할머니들 앞에서 노래를 불러 귀여움을 독차지하곤 했었다. 그 아이는 요즘 '사랑'에 관심이 많고 '다이어트'에 관심이 많고 자신의 '진로'에 대해 생각이 많다. 그렇게 자신의 길을 향해 차곡차곡 내게서 떠 날 준비를 하고 있다. 언제가 될지는 모르겠으나 딸이 나를 떠날 수 도 있다는 생각을 하면 나는 벌써부터 가슴 한 가운데가 아려온다. 나와 연결된 탯줄에 의해 양식을 얻고 삶을 시작했던 아이가 이제 내가 없어도 될 만큼 몸과 생각이 자랐다. 알 수 없는 것은, 그 대견함이 때때로 얼마나 허전하게 하는지 모르겠다. 분위기 있는 발라드 풍의 노래를 부르고 있는 딸이 너무 예뻐서 나는 바보같이 슬프다.

그 뒤를 이어 남편, 어느 새 인가 배도 나오고, 머리도 벗겨진 남편은 지난 날 나를 가슴 설레게 했던 청년의 모습은 간 곳 없다. 얼마 전 까지만 해도 젊은 아이들에게 뒤지기 싫다며 그들의 노래를 열심히 흉내 내던 남편은 이제 더 이상 그러한 노래를 부르기 위해 애쓰지 않는다. 남편이 가슴을 앓던 시대의 노래가 아닌 노래는 그에게서 더 이상의 노래가 되어 주질 않았다. 젊은 아이들의 정서가 남편에게 맞을 리 없으니 당연한 결과이겠으나 그러한 말을 할 때 남편은 몹시 쓸쓸해 보였다.

송대관의 '인생은 생방송'을 부른다. 그의 노래처럼 인생은 연습 없는 생방송이었다. 그걸 깨달았을 때는 이미 남편과 난 새로운 도전이라는 단어와는 어울리지 않는 나이가 되어 버렸다. 이제는 아쉬움과 후회가 남는 지난 시간에 미련을 갖기 보다는 남은 시간에 대해 생각을 많이 해야 함을 느낀다. 젊음의 한 부분이 그가 부르는 노랫말처럼 다시 돌아오지 않는 추억이 되어버린 지금, 그리고 인생이 연습 없는 생방송이었다는 걸 가슴으로 깨닫게 된 지금의 그와 난, 한 시대를 살아 온 동반자로서의 감정이 더 짙어만 온다. 그러한 마음을 알아서 일까. 빛깔 곱고 화려한 조명이 따스하게 위로해 주는 듯 하다.

"인생은 생방송~ 되돌릴 수 없는 이야기~."
노래 부르는 남편의 모습이, 남편의 모습이 아닌, 그와 같은 모습으로 한 시대를 살고 있는 모든 얼굴이 되어 조명아래 안쓰럽다.

나와 아이들의 안위를 위해 쉴 사이 없이 피곤했을 그가 순간 너무도 안쓰러워 가만히 손잡아본다. 내게 느티나무와 같았던 남편이었음을 느낀다. 가족이라는 이름으로 그에게 추위와 바람을 다 맡긴 줄도 모르고 그가 주는 햇살의 부피만을 따져 묻고 할퀴었었다. 내게 주는 햇살의 부피로 그의 사랑마저 채점했었음을 새삼 느끼게 된다. 시대의 동반자였음에도 철저하게 가족에 대한 책임만은 그의 몫이 되게 했었다.

화려한 빛깔과 자태를 뿜어내며 돌아가는 조명아래 적당히 늙어 가는 모습의 그가 미소를 짓는다. 노래에 떠나가는 젊음이 실리고, 정열도 실리고 한동안 그를 괴롭히고 채찍질 했을 꿈도, 미련 없이 실어 보낸다. 이제는 그에게 아내이기보다는 친구가 되어야겠다. 보호를 앞세워 요구하는 아내이기 보다는 살아가는 동안 마주 앉아 술 한 잔 같이 할 친구가 되어야겠다.

시대도 다르고, 다른 시대에 따라 삶의 정서도 다르고, 좋아하는 취향의 노래도 다르지만, 아이들과 우리는 어울리지 않으면 어울리지 않는 데로, 어울리면 어울리는 데로 마냥 즐겁다. 우리는 그렇게 살아 갈 것이다. 지나버린 날들을 후회도 하면서, 그리고 다가오는 세대들에게서 밀려남을 아쉬워하면서, 함께하지 못하는 세대임에도 아이들과 맞잡은 손이 영원하길 꿈꾸면서.

오늘따라 술과 노래가 매우 맛있고 달다. 맘 놓고 남편과 나는 취할 것이다. 혹 그 모습이 이 아이들에게 다소 눈에 거슬리는 일이 되더라도 아이들은 이해할 것이다.

가족이란 그 모든 것이 용해 될 수 있는 '손 맞잡음' 이라는 것을 의심 없이 믿기에.

밤

지금은
나를
내려놓는 시간

살아있는
모든 것에
조용히 축배를 든다

살기위해
가시 품었던 말들에게도
위로를 건넨다

죽은 자는
알 수 없으리

고비 고비마다
담금질을 당해도

오직
살아 있는 자에게만
신이 주는 선물

어둠 속에
나를 내려 놓고
두 손 모우는 감사 기도를

나에게 커피는

어딘가로 떠나고 싶다. 어제 내린 비 탓일까. 촉촉하게 물기를 머금은 나무들의 기지개가 느껴져서 일까. 이른 아침부터 여행을 떠나고 싶은 유혹을 달랠 길 없다.

일상에서 어딘가로 떠난다는 것은 얼마나 매력적인 일인가. 나는 꼭 가야 할 곳을 가지 못하고 있는 것처럼 어찌할 줄 모르고 서성거린다. 언제나 마음뿐이다. 일상의 힘이 더 강력한 자석이 되어 나의 떠남을 가로막을 것을 알기에 서성거림의 흔들림이 조용히 잦아들기를 기다린다.

허전한 마음을 주체할 수 없어 커피를 끓인다. 집 안 가득 퍼지는 커피 향기가 오늘따라 마음에 드는 옷을 입은 듯 몸에 감긴다. 그윽하다. 여행에 마음을 주어서일까. 집 안 깊숙이 퍼지는 커피 향은 나를 시인이 되게 한다. 영화에 출현한 우아한 배우의 모습으로 보이도록 만들기도 한다. 시인이나 여배우의 모습으로 커피를 마시고 있는 나는, 조금 전 생활비로 남편과 옥신각신 말다툼을 벌인 내가 아니다. 인기가 많은 드라마 속에서 왕비 같은 모습으로 살아가고 있는 장미희다. 나는 그녀가 되어 입 안 가득 쌉쌀하게 퍼지는 커피를 천천히, 혀를 굴려 보기고 하고 씹기도 하면서 마신다.

참으로 오랫동안 커피를 마셨다. 커피는 내가 아끼고 사랑하며 의지해 온 것을 아는 걸까. 의리 깊은 친구 같다. 커피를 좋아하던 마음이 녹차를 비롯한 다른 차들로 눈길을 주며 외도를 일삼아도 투기가 없다. 외도의 마음이었으니 당연히 보기만 해도 미운 마누라 같이 여겨져서 입맛의 투정이 심해지고 불평이 많아져도 향기와 맛에 차이가 없다. 바람 난 마음이 외도를 끝내고 돌아와 뻔뻔스레 손을 내밀어도 투덜댐이 없이 자신 속에 감춰진 깊은 맛을 전하려 해서 깊이 없는 나를 부끄럽게 한다.

친구가 나를 오해하여 내게 등을 돌린 일이 있었다. 내게 등을 돌린 친구의 오해를 풀 수 없어 안타깝던 그때 술을 가까이 한 적이 있다. 술은 외롭고 쓸쓸한 내 마음을 유혹해 쉽게 사랑에 빠지게 했고, 사랑하는 마음이 더해질수록 나를 지배하려 들었다. 슬픈 마음에 조심성 없이 친구를 원망하게도 했다. 사랑하는 내 눈길이 진해질수록 마음을 헤아리는 것 대신, 현실을 외면하게도 했다. 힘든 일이 있을 때마다 적당히 타협할 것을 아첨했으며, 조금 전의 힘든 문제들이 아무것도 아닌 것처럼 터무니없는 용맹을 주기도 했다.

술은 달콤했으며, 간사했고, 비겁했다. 사랑의 힘을 빌미로 함부로 어리광부리는 애첩의 몸짓처럼 달콤하기만 할 뿐, 내게 있어 진정한 의미의 친구가 되어 주지는 않았다. 한 치 앞을 모르고 사는 무력한 존재라는 자괴감에 들 때면, 술은 허망한 기분인 나에게 친구인양 다가들었다. 친구의 외면으로 고통을 겪는 내게 다가온 술이 현란한 혼란이었다면, 커피는 생각을 잉태한 질서였다. 커피를 대하고 있는 동안 자신을 되돌아 볼 기회를 주었으며 '어디서부터 무엇이 잘못되어 그와 같은 결과를 갖게 되었는지'를 되돌아보게 했다.

커피를 마신다. 그 자체만의 맛으로도 훌륭한 커피는 프림과 설탕을 만나 더욱 환상적인 맛이 된다. 살면서 함께 하는 것에 부족한 나에게 어울림의 조화를 생각하게 한다.

새벽까지 책을 읽을 때에도 든든한 친구가 되어 주었다. 한 잔의 커피를 앞에 놓고 삶을 일구어 가는 요령을 터득하게 했다. 나에게만 부당한 것 같은 일상에서의 노여움을, 그 모든 게 내 안에서 시작되었음을 조용히 깨닫게 해줬다. 커피는 그것을 취하고 있는 동안 파도 같은 노여움을 햇빛 아래 잠자는 고양이의 잠처럼 재워 주었다.

한 모금 커피를 마신다. 커피 잔 가득 나는 닮고 싶은 사람을 꿈꾼다. 생활비로 남편을 우울하게 만들었던 나는 커피를 마시는 동안 커피가 주는 생각과 이해의 힘으로 어느 새인가 남편의 마음을 가장 잘 아는 친구가 되어 있다.

오늘도 커피는 여행을 가지 못해 눅눅했던 우울함을 송두리째 날려 준다. 비를 맞아 촉촉해진 나무들처럼 부드럽게, 너그럽게 만들어 준다. 일상의 불만을 토로했던 마음 밭을 일구어 모든 것에 감사의 눈길로 바라보게 해준다.

살아가는 동안, 내가 만나는 사람들에게 커피를 닮은, 삶을 살 수 있기를 기도하게 한다.

기도

아들이 대학에 합격했다. 명문대는 아니지만 아들이 최선을 다 한 대학이라 아들과 나는 무척 마음에 든다.

삼십년 전, 대학 시험 보겠다고 우겨서 엄마와 한동안 불편하게 지냈던 기억이 난다. 여고 졸업 전에 취직이 됐는데 엄마는 내가 취직한 곳을 마다하고 대학 갈까봐 걱정 이었나보다. 가정 형편이 좋지 않았으니 엄마의 마음을 이해 못하는 것은 아니지만 그 일은 오래도록 내게 상처가 되고 말았다. 직장생활 내내 매년 입시 때가 되면 대학을 가지 못했다는 것으로 가슴앓이를 해야 했다. 대학진학 한 친구들이 몹시 부러웠다. 그들의 인생은 성공적으로 보였다. 고속도로처럼 죽죽 뻗어 보였고 나만 뒤쳐지는 것 같은 열등감에서 오래도록 헤어날 수 없었다.

마흔 살에 접어든 어느 날이었다. 내가 다니던 직장에서 승진 기회가 왔는데, 보기 좋게 미끄러지고 말았다. 경력으로 보나 능력으로 보나 승진에서 자신 있다고 여겼던 내게 그 일은 큰 충격이었다. 더구나 미끄러진 이유 중의 하나가, 전문지식의 결핍, 곧 대학 미 졸업이라는 소리를 들었다. 그것은 내게, 나는 나 자신을 위해 무엇을 준비했는가에 대한 생각을 갖게 만들었다. 부모가 보내주지 않았다 해서 주저앉았던 대학진학의 일뿐만 아니라, 자기 계

발에 대한 노력을 하지 않았던 내 자신에 대한 반성이 밀려왔다.

왜 나는, 더 나은 나의 삶이라는 것을 꿈꾸지 않았을까. 그것을 위해 준비하지 않았을까.

그 일이 있은 후 많은 생각 끝에 방송통신대학에 입학 했다. 학교에 입학이 되어 비로소 첫 수업을 받게 되었던 전 날 밤 설레어 잠을 이루지 못했다. 지금처럼 시스템이 잘 되어 있지 않았던 방송통신 대학의 공부는 쉽지 않았다. 일과 병행하면서 해야 했던 공부는 매 시험 때마다 어깨뼈가 부서지는 고통을 주기는 했지만, 오기로 똘똘 뭉쳐진 나를 무너뜨리지는 못했다. 목적이 있는 삶이 어떤 것인지 나는 그때 알았던 것 같다. 마흔 넘은 늦깎이 학생이 공부하는데 많은 불편함을 이겨 낼 수 있었던 어떤 힘, 그때의 목적을 향한 열정적 시간에 대한 기억은 오래도록 내가 삶을 사는데 많은 용기를 주곤 한다.

공부를 마치고 졸업장을 받게 되던 날의 감격을 잊을 수 있을까. 명문 대학의 어떤 졸업장과도 비교 될 수 없는 용기와 인내의 힘으로 건져낸, 나와의 싸움에서 이긴 승리의 졸업장이었다. 인생에서 무엇인가를 이룬다는 것에서만 맛 볼 수 있는 기쁨의 단 맛을 알게 한 졸업장이었다.

그 이후 나는 삶에서 요행을 생각해 본 적이 없다. 내 삶에서 '불행'이란 단어를 입에 담아 본 적도 없다. 요행이나 불행이라는 단어를 앞세우기보다는 수확을 위해선 밭을 일구어 내어야 하는 게 삶이란 것을 내게 주문하며 살아왔다.

통신대 공부의 시간은 오래도록 대학을 보내 주지 않았다는 것

으로 부모를 원망해 온 어리석은 내가 내 부모님들과 진정으로 화해를 한 시간이었다. 그리고 이제, 나의 아들이 대학생이 되었다. 자신의 삶을 일구고, 터를 닦는 것에 대해 스스로 해내고, 생각하고, 깨닫고, 다듬는 시간이 되기를 기도한다.

달콤하게, 씹씰하게, 때로는 쓰리게 깨닫는, 아들의 인생에 한 획을 그을 수 있는 시간이 되어주기를 간절하게 기도한다.

안개 낀 아침에

안개가 자욱이 낀 아침. 제 등치보다 더 커 보이는 가방을 메고 걸어가는 딸의 모습을 보는데 내 마음속에 안개가 낀다.

고3.

한참 이쁜 나이에 요즘의 아이들은 죄인처럼 어른이 만들어 놓은 감옥 속에 이유도 충분히 모르는 채 갇혀 지내는 것 같다.

공기돌 보다도 볼펜을 더 많이 쥐어야 안심이 되는 사회. 딸아이가 나와 같은 나이가 되었을 땐 무엇을 추억할까 싶다. 폭력이 춤추고 폭력만큼이나 아니 더 한 횡포를 부리는 시험이라는 무지막지 한 놈한테 매일 시달리고 보이지 않는 미래라는 인질로 공갈 협박당하는 모습에 딸아이도 나도 마음 아프다.

이 아이가 무엇을 추억할지. 햇살지는 흙 길 마당에서 손톱이 새까매지도록 공기놀이를 할 줄도 할 시간도, 할 수 있는 마음의 여유도 없이 지내는 시간. 나처럼 '별이 빛나는 밤에' 를 들으며 질금질금 눈물을 흘려 볼 마음의 여유도 없이 하는 공부. 그래도 내가 자랄 때 보다 나을 것도 없는 세상인데. 문득 어른이라는 것 이유만으로도 딸아이한테 미안하다.

안개는 금방 딸아이를 걷어가 보이지 않게 한다.

지금 딸아이는 어딜 가고 있는 걸까.

내가 새벽마다 잘 다녀오라고 말하며 보내는 그 곳이 정말 딸을 위하는 곳이긴 한 걸까.

그리움

하얗다. 온통 하얀 세상이다. 공원은 마치 성스럽고 우람한 하얀 성전 같다. 공원 산자락에 마련되어 있는 정자가 여느 때와 달리 내가 닿을 수 없는 곳 같이 더 높게 보이고, 거대하게 보인다.

밤새 내린 눈으로 공원은 신비한 성채가 되었다. 산책을 하는데 탄성이 절로 나온다. 레드카펫이 아닌 하얀 카펫 위를 걷는 것 마냥 걸음걸이가 조심스럽다.

푸드득 거리며 참새들이 한 무리 날아간다. 사진 속에서나 보았을 법 한 그림이 내 눈앞에서 펼쳐진다. 눈을 뭉쳐본다. 마음이 눈처럼 고와진다. 길을 걷는 내내 마치 다른 이국에라도 온 것처럼 기분 좋은 설렘을 느끼게 된다. 한바퀴, 두 바퀴 공원 산책길을 걷는다.

공원을 걷는 처음 본 사람에게도 인사를 건넨다. 처음 만나는 사람과도 기분 좋게 인사를 나눌 수 있는 마음의 여유가 생긴 것은 아마도 하얗게 눈이 만들어 낸 장관이 주는 넉넉함 때문일 것이다. 도로사정으로 보나 생활로 보나 당분간 눈 때문에 많은 불편함이 있을 터인데 철없는 나는 그저 좋기만 하다.

강원도에는 겨울이 일찍 찾아왔다. 그리고 눈이 많았다. 나의 어린 시절에는 눈이 더욱 많아서 눈만 내리면 세숫대야에 눈을 시멘트 블록처럼 만들어 탑을 쌓았다.

우리가 만든 성에서 친구들과의 놀이는 온 몸이 꽁꽁 어는 줄도 모르고 놀만큼 즐겁고 재미났다. 언덕위에서 비닐 깔고 썰매를 탈 때의 즐거움은 시골, 더욱이 산골에서 자란 사람들이라면 누구나 한번 쯤 경험한 즐거움일 것이다. 놀이 감이 많지 않은 산골의 아이들에게 눈은 참으로 훌륭한 놀이 감이 되어 주곤 했다. 나의 어린 시절의 겨울은 눈을 생각하지 않을 수가 없을 만큼 많은 눈과 함께였다.

어느 날이었다. 한 밤 중 잠에서 깨어나 보니 부모님이 안계셨다. 나는 언니와 동생을 깨워 엄마를 찾아 가자고 했다. 언니의 만류에도 불구하고 밖으로 문을 살짝 걸고 동네 마실을 간 부모님을 찾기로 했다. 아마 우리가 밤중에 깰 것을 염려해 부모님은 문을 걸어 놓은 듯 했다.

벽에 달린 작은 쪽 창을 열었다. 열린 창 너머 어둠 속을 하얗게 밝혀내던 눈 내린 모습을 잊을 수 없다. 떡 가루면 그토록 고울까. 엷게 반짝반짝 빛나기 까지 한, 눈 덮인 한 밤 중의 마을의 모습은 익숙하게 보아 왔던 밤의 모습이 아니었다. 너무나 하얀 눈의 모습이 검은 밤과 만나 푸르게 빛나고 있었다.

발걸음 하나 없었던, 세 자매가 걷던 한 밤중의 그 눈길. 발을 디딜 때 마다 폭폭 구덩이가 생기던 눈길... 엄마를 찾는 건 잊어버리고 밤새 그 눈밭에서 하얗게 유혹 당해 눈을 던지고 부비며 놀았다. 물론 집으로 돌아오던 부모님 눈에 띄어 밤이 새도록 혼이 났지만, 그 날 이후 우리 세 자매에게는 우리들만이 아는 비밀을 갖게 되어 끈끈한 의리와 다정함으로, 흔한 자매끼리의 싸움도 없이, 그 해 겨울을 달콤하게 보낼 수 있었다.

함께한 비밀스런 즐거움에 대한 공유는 우리를 엮는 가장 단단한 동아줄이 되어 주었다. 무섭게 혼을 내던 부모님도 무섭지 않게 했고, 그때 걸린 감기마저도 달콤하게 했다. 그때나 지금이나 눈은 여전히 푸르도록 하얗다. 손을 내밀어 내리는 눈을 받아본다. 내 손에 떨어 진 눈은 금방 눈물이 되어 야단치던 아버님을 생각하게 한다. 눈도 있고 야단맞던 언니와 동생도 있는데 우리를 야단치시던 아버님은 이제 없다.

그립다. 산골에서의 삶은 변변한 놀이 감 하나 없는 궁핍한 삶이었고, 부모님께 연신 혼이 나며 살았지만 힘든 그 시절도, 부모님의 그 야단침도 그립기만 하다.

나 홀로 걷는 공원의 눈 위에 그려진 지난 시간이, 순간 간절하게 너무도 보고 싶은 아버님께 머물게 한다. 아버님의 말투, 걸음걸이, 웃음소리가 한꺼번에 귀에, 눈에 머물러 사라질 줄 모른다. 보고 싶다는 말로는 다 표현할 수 없는 그리움이 목젖을 아프게 한다.

눈이 녹으면 아버님을 찾아 뵈야겠다.
가족이란 그런 것인가. 시간이 지날수록 뼈마디 마디 사이에 연골 같은 그리움을 채운다.

눈은 또 내린다.
아마도 오늘은 하루 종일 눈이 그칠 것 같지 않다.

바람 속에 향기가 있다

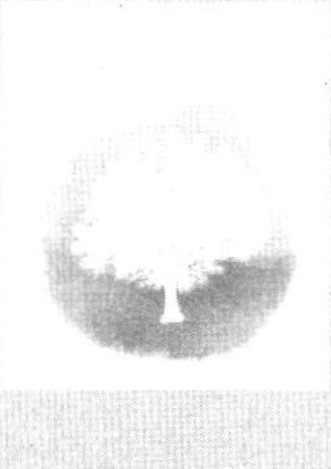

그들의 노래

안개가 자욱하다. 새벽 이른 시간임에도 불구하고 안개가 세상을 하얗게 점령하고 있다. 보통 이렇게 안개가 많은 날은 날씨가 무척 덥다. 오늘도 무척이나 찜통같이 더운 하루가 되려나 보다. 안개 속을 산책할까와 차를 마실까로 고민하던 나는 찻물을 끓이는 걸로 마음을 정한다.

밤에는, 너무 많이 아팠다. 자다가 통증을 참을 수 없어 일어나 진통제를 먹는데 순간 창문이 흐리게 보였다. 한 밤중에 잠을 자다가 통증에 못 이겨 진통제를 먹는 내 자신이 가엾다. 무엇을 잘못하여 이토록 아픈 형벌을 받는 것일까. 어둠에 싸인 세상이 나의 아픔에는 아무 상관없는 듯 느껴져 서운하고 쓸쓸했다. 지난 밤을 견뎌내기가 너무나 힘들었다. 뼈마디가 부셔지는 것처럼 통증을 느꼈는데 세상은 아무 일도 없었나보다. 감싸 않은 어둠만이 줄 수 있는 아늑함이 아직 덜 식은 온돌방의 아랫목에 배 깔고 누워 있을 때의 느낌처럼 나긋하다.

참으로 아무 일이 없다는 듯 소소한 일상의 평안함이 나의 아픔에는 아랑곳없다. 변함없이 밤이 오고 새벽이 오고 봄이 가고 여름은 머뭇거림 없이 뜨겁다. 매년 여름이 그랬듯이 태양은 뜨겁고 과일은 탐스럽게 익어가고 꽃은 자태 화려하게 만발하다.

나는 두 팔로 나 자신을 감싸 안는다. 나에게 관심 없는 세상이라는 생각 때문에 자꾸만 이방인이 되어 가는 내 자신이 너무도 안쓰럽게 보여 나라도 안아 주지 않고는 견딜 수 없다. 세상의 한 점 돌보다 더 작은 존재였음이 저리게 느껴진다.

세상이라는 그림 속의 나는, 한 개의 점이나 될까. 보이지도 않을 점 하나의 모습으로 그 틈 속에서 인연을 맺고 사랑을 하고 아이를 낳고 미움을 이겨내며 살아 온 '나' 라는 존재가 갑자기 뜨거운 감동의 그 무엇으로 다가와 가슴을 울렁이게 한다.

산다는 것은,
살아있다는 것만으로도 충분이 축복받을 일임을 알겠다.

암세포는 좀체 내게서 떠나고 싶지 않은가 보다. 나를 무척이나 떠나고 싶어 하지 않는, 성격 괴팍한 내 속의 친구다. 그 친구로 인해 항암제를 맞은 뒤에는 힘든 며칠을 보내야 한다. 폭행이라면 이런 폭행이 있을까 싶다. 머리를 다 뽑아 놓은 것으로는 성이 차지 않는가 보다. 세상의 저 뒤켠으로 물러나게 한 것으로도 화가 풀리지 않는가 보다. 너무 일방적이고 고약하다. 달래 보아도 얼래 보아도 도무지 통하지 않는다. 오직 통증과 고통만 주는 대포만을 성질 풀릴 때까지 쏴댄다.

어디서부터 잘못된 것일까. 그의 포악함은 진통제로 인해 잠시 성질을 수그려 트리고 잠잠해져 온다. 그리고 나는 알게 되었다, 아프지 않는 시간의 행복함을. 새벽녘 문틈 사이로 스며드는 시원한 바람을 맞을 때의 행복함 같은 것을. 살아 있는 날의 고마움, 그 하루, 뜨거운 태양아래서도, 바람이 휘몰아치는 폭풍 속에서도, 그 어떤 모습이라 해도 존재한다는 것의 위대함을 알게 되었기에 삶이 힘들어도 불평을 하지 않게 되었다.

모든 것은 살아 있는 이들의 이야기임을 아픔을 통해서 알게 되었다. 사랑도, 미움도, 인간에게 가장 절망적인 전쟁까지도, 살아있는 이들만이 '할 수 있는 이야기' 란 걸 알게 되었다. 그러한 것을 알게 되면서 내가 아무 생각 없이 밟고 있었던 풀 한 포기 존재에, 짧은 여름밤의 하루살이들의 그 간절한 삶, 존재함으로 젓는 날갯짓에 눈시울이 뜨거워진다.

사랑하고 싶으면 살아 있어야 한다는 것을, 삶은 그들의 것임을, 그 평범한 사실을 이제야 저리게 알고 사랑하게 되었다.

어느덧 안개가 다 사라졌다. 흑백사진의 우유부단함에서 선명하고 또렷해진 색깔의 모습으로 아침이 다가왔다. 이 아침을 맞기까지 내 몸 속 세포들은 살아남기 위해 상상할 수 없는 힘겨운 전쟁을 치루었을 것임을 나는 안다.

창을 연다. 바람이 달다. 바람 속에 향기가 있다. 오늘 나와 같이 삶을 시작하는 모든 이들에게 내 아픔을 앗아간 진통제의 효과가 벌꿀처럼 바람을 타고 닿기를 기도한다.

살아 있는 모든 것들의 사랑이 바람이 되어, 꽃잎이 되어, 태양의 빛이 되어 더 많은 '존재함' 을 위한 희망이 되길, 그리하여 존재한 자들의 가슴 깊은 곳에서 시작된 감사함으로 이 땅 위에 위대하고 아름다운 노래가 끝없이 불리워지기를,

나는 소망한다.

그 날

하얗게 수의를 입은 아버지의 모습은 단아하고 정갈한 느낌을 갖게 했다. 더 이상, 아픔으로 인해 어린 아이처럼 몸피가 줄어들어 뵐 때마다 어쩌지 못하겠는 안쓰러움도 주지 않았다. 누워 있는 모습이 근접할 수 없는 근엄함마저 갖게 해서 말소리조차 조용하게 만들었다.

아버지 주위로 하얀 장갑을 낀 사람들이 아버지 모습을 물끄러미 바라보았다. 아버지를 바라보던 어떤 이는 담배 한 가치를 빼서 입에 물더니 무심히 피워댔다. 또 어떤 이는 소주를 한 잔 마셨다. 담배를 피우는 손끝에서, 한 잔 술을 마시고 내려놓는 손끝에서, 그들은 아버지와 말없이 대화를 나누고 있는 것 같다. 마치 그들은, 딸인 나도 알지 못하는 아버지의 고독을 이해하여 들어 주는 듯싶었다. 착각이었을까. 자식인 나보다 그들이 마지막 가는 아버지의 마음을 더 잘 보듬어 주는 듯싶고 아버지가 위로 받고 있는 것 같은 생각이 들었다.

한 세상을 아버지와 자식으로 살았다는 것은 무엇일까.

그들이 조용히 움직이기 시작했다. 움직임은 부산스러우면서도 조심성이 가득 묻어났다. 팔을 묶고 다리를 묶고 몸을 묶었다. 아버진 아마도 팔과 다리를 움직여서는 안 되는 곳으로 가시는가 보다. 어디일까. 어디로 보내기 위해 저 분들의 행동은 저토록 경건함과 조바심이 가득한 걸까. 팔과 다리에 주렁주렁 매달려있던 약주머니가 제거된, 비로소 홀가분해진 아버지의 모습은 내가 보아 온 어떤 모습보다도 단아하고 고운 모습이었다. 여성에게나 쓸 '곱다' 는 표현이 이 세상을 하직하는 아버지의 모습에 가장 어울리는 단어가 된 것이 나 스스로도 어색했지만, 그랬다. 아버진 곱고 단아했다. 아픔에서 해탈한 모습으로 해서 아리하게 아픈 건 아버지가 아니라 나인 것 같았다. 아픔을 비롯한 이 세상의 모든 것에서, 아버지를 엮고 존재하게 한 인연의 끈을 놓아서 일까. 누워 있는 아버지의 모습은 깃털처럼 가볍고 편안해 보였다.

청명한 가을, 단풍이 이 이상, 더 아름다울 수는 없을 것 같은 느낌을 주는, 아름다움의 절정을 뿜어내던 날, 아버지는 이 세상을 하직했다. 그날 이후 아버지는 짧지 않은 시간 암으로 인한 아픔을 겪느라 뵐 때마다 몸피가 작아져 나를 당황하게 하던 모습 대신, 근엄하고 점잖게 앉아 있는 사진 속 모습뿐이다. 어이없게도 나는 가을이 그토록 아름다운 계절이라는 것을 그날 알았던 것 같다. 불길에 휩싸이는 아버지와 작별하는 날이 시리게 아름다운 계절이란 게 위안이 됨과 동시에 예리한 칼에 베인 것 같이 마음이 아팠다.

아주 잠깐, 내가 이 곳을 떠나는 날도 이렇게 아름다웠으면,
했던 것 같다.

살면서 내게 무심한 아버지에게 나 역시 아무런 애정이 남아 있지 않다고 생각했었다. 생활력에 무능력한 아버지여서 우리 가족은 편안한 삶을 살지 못했다. 그러한 마음이 어린 시절부터 많이

남아 있어 제대로 아버지하고는 따뜻한 대화조차 나눈 일이 없었다. 그런데 눈물조차 없을 줄 알았던 그 마음 어딘가에 묻어 둔 이야기가 이렇게 많았던 걸까. 눈물을 멈출 수가 없었다. 그리고 그 날은 오래도록 내 망막에서 사라지지 않았다. 어제 일처럼 늘 선명한, 지워지지 않는 화인 같은 것이 되어 남아 있다.

암 치료를 받으면서 아버지의 외로움을 알게 됐다. 아버지가 얼마나 두려워했을지도 알게 됐다. 팍팍한 내 삶을 일궈보겠다고 병석에 있는 아버지를 자주 찾아보지 못한 것이 가슴을 저미는 후회로 남아버렸다. 아버지가 살아계실 때는 내 마음 속에 들어오지 않았는데 돌아가셔서는 내게서 떠나질 않는다.

아버지는 때로 따스한 봄날의 햇살이 되어, 또 때로는 벽오동 잎새의 수선거림의 소리가 되어, 또 때로는 깊은 밤 잠 못 이루고 낮게 낮게 스며드는 바람이 되어 내게로 다가온다.

만질 수도, 안을 수도, 손을 잡을 수도 없는데 말이다, 아버지와의 어렵게 만든 이야기조차 허공 속의 독백이 되어 버리고 마는데 바람의 아버지는, 잎 새의 수선거림의 아버지는, 어떤 순간 햇살의 모습인 아버지는 받지 않는 핸드폰의 번호가 되어 내 폰에 저장되어 있을 뿐 어느 곳에도 이젠 없다.

아버지 안 계신 이 땅에 다시 가을이다. 붉고 화려하다. 형형색색 그날처럼 아름답다. 푸른 하늘도, 울긋불긋 어떤 물감으로도 채색이 불가능할 것 같은 나무 잎들로 가득한 산도 아름다움으로 인해 온 세상이 요란한 잔칫날 같다. 그러나 잔칫날 같은 떠들썩한 가을이어서, 너무나 화려하고 아름다운 계절이어서 한바탕 눈물을 쏟고만 싶다.

나는,

못 견디게,

아버지가 그립다.

외로움

나
태어날 때 따라 온 병.

사는 동안엔
치료가 불가능하리.

손끝과 발끝
알알이 시린 이슬로 맺히고.

바다가 갈리어지는 고통으로
온 밤을
지새는 날이 많아

그에게서
도망치고만 싶었다.

어디서 시작된 죄 인가.

가슴을
인두로 지져대는 화형으로,

온 몸
구석구석 마디마디
옹이 지는 참형으로,

매일 밤
푸른 수의를 입어도

그로 인해
눈물을 알고,
사람을 알고,
사랑을 알고,

이제야 알겠네.
그대야 말로
나 죽는 날 까지
함께 할 유일의 벗임을.

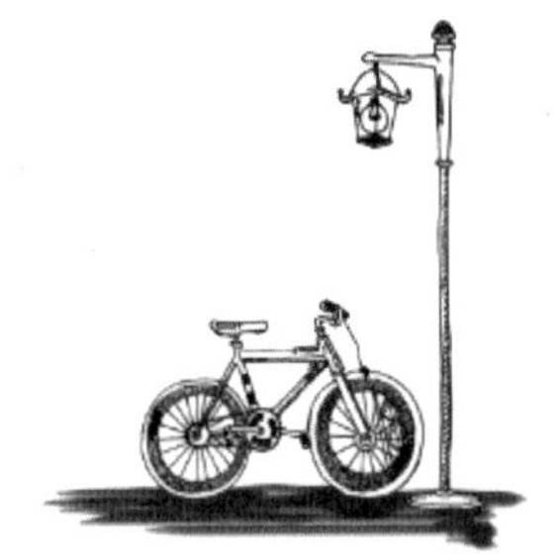

가족

잠이 깨었다. 아직 날이 밝으려면 한참을 더 있어야 하는데 도무지 잠이 오질 않는다. 얼마간을 뒤척이다 잠을 포기하고 살며시 거실로 나왔다. 어제 읽다 두었던 책을 다시 펼쳤다. 글자가 눈에 들어오지 않는다. 커텐을 젖히고 먼 곳의 차량들이 오가는 거리를 내려다본다. 텅 빈 놀이터에는 밤새 밤을 지킨 수은등만이 피곤한지 졸고 있는 것 같다.

멍하니 창밖을 내다보다 찻물을 끓이고 습관처럼 커피를 타려다 멈춘다. 얼마 전 검사를 받은 이후 나는 "먹는 일" 에 두려움을 갖게 됐다. 몇 차례인가 알 수 없는 몇 가지의 검사를 받고 오늘 나는 내 몸속에 생긴 이물질을 제거하러 가기로 약속이 되어있다.

초음파 사진을 통해 바라 본 나의 몸에는 시커멓게 멍울진 덩어리가 있었다. 의사는 자신의 진단이 정확함이 못내 미안한가보다. 처음부터 의심 되는 부분이었지만 차마 말을 꺼내지 못했노라 말한다. 빠른 시간에 수술하지 않으면 안된다고 장황하게 설명이 늘어진다. 아니 그의 설명을 장황스럽게 느끼는 건 내 감정 탓인지도 모르겠다. 그의 설명은 들리지 않고 시커멓게 멍울진 혹 만 눈 안 가득 들어왔다.

오늘 수술을 받기까지 꼭 한 달 동안을 검사와 진료에 시달렸다. 검사를 받기 위해 내 기억을 잘라 먹는 마취를 한 날은 너무도 심신이 피로하여 아무 것도 할 수가 없었다. 밤새 거의 잠을 자지 못해 머리가 무겁다. 그러나 여전히 잠이 오질 않는다.

아침밥을 지었다. 찌개를 끓이고 계란을 부치고 아들이 좋아하는 불고기를 볶았다. 아이들한테는 말하지 않았다. 딸은 외국에서 공부하는 중이고 아들은 수험생이다. 수험생인 아들에게 혹, 마음을 흔들어 놓게 될까봐 나는 내 몸보다 그것이 더 걱정이 되었다. 어차피 알 일. 미리부터 불안하게 하고 싶지 않아서였다. 무나물을 무치는데 나도 모르게 눈물이 나왔다. 어머니가, 나의 엄마가 몹시 보고 싶었다.

수술을 받기 위해 챙겨놓은 가방을 다시 살펴보는데 남편이 방에서 나왔다. 아침잠이 많은 남편이 이렇게 이른 시각에 깬 적은 없다. 남편 역시 잠을 자지 못했나 보다.
"별 일 없을 거야, 잘 될거야, 걱정하지 마." 라고 말하는데 남편이 말없이 안아준다. 살면서 이 사람한테 참으로 불만이 많았었는데 미안한 마음만 든다. 내가 잘해 주지 못했던 것들만 새록새록 생각났다.

평소와 다름없이 아들아이를 학교에 보냈다. 무거운 침묵만이 가득하게 고이는 거실에서 남편과 나는 물끄러미 서로를 쳐다보았다. 차디찬 물로 손을 씻은 듯 손가락 끝이 아릿하게 시려왔다. 천천히, 아주 천천히 병원을 가기 위해 집을 나섰다.

수술을 받으러 들어 갈 때 보았던 병실 모습이 다시 보였다.
'아, 수술이 끝 난 모양이구나.' 하고 느끼는 순간 내 양손을 잡고 침상 옆에 서 있는 사람이 남편과 엄마임을 알 수 있었다. 나와 눈이 마주친 엄마는 금방 눈물이 그렁그렁해진다. 무어라 해야겠는데 마음 뿐 말이 되어 나오지 않는다.

손등에 꽂힌 주사바늘과 연결되어 주렁주렁 매달려 있는 약물 팩의 모습으로, 나의 생은 움푹 패인 눈을 한 남편과 노모가 쥐고 있었음을 깨달았다. 그들과 그저 멀거니 바라보는 눈빛으로만 몇 마디 나눈 후 나는 또 다시 깊은 잠에 빠져 들었다.

얼마나 지났을까. 통증이 심해 뒤척이는데 식구들, 언니, 동생의 목소리가 자금자금 들려왔다. 그 사이로 아들의 목소리가 들렸다. 순간 통증이 사라진 듯 편안해져 온다.
나는,
잃었던,
그들에게 돌아와 있음을 실감했다.

입원 일주일째. 엄마가 강릉의 집으로 돌아가시고 홀로 남은 남편이 손을 잡는다. 말없이 행하는 그의 행동에서 그동안 내가 그의 가슴속을 얼마나 아프고 힘들게 했는지를 알았다. 며칠 만에 아픈 나보다 더 수척해진 남편이 내 곁에 있는 나의 사랑이었음을 바보처럼 깨닫는다.

누군가를 사랑한다는 것은,
가족이라는 것은,
함께하는 것임을,
그 약속임을 새삼 깨닫는다.

깜깜한 유리창에 한 여자가 울먹이고 있는 모습이 보인다.

혼자가 아니었음을 깨닫는 삶의 한 부분이,
굵고 진하게,
울먹이는 여자의 작고 여린 어깨를 어둠이 보듬어 주는
모습과 함께.

햇살 주는 너

뚝배기에 햄 조금 남은 것 볶고 김치 썰어 얹고 참치를 넣은 다음 고추장 조금 그리고 참기름을 넣고 밥을 얹어 볶았다. 마지막에 계란을 하나 얹어 아이 앞에 내 놓으니 새벽임에도 코를 박고 먹는다. 그러구선 "아, 정말 맛있다." 한다. 그 말을 듣는 순간 별스러운 재료가 들어가지 않은 게 미안하다. 엄마의 미안함과는 아랑곳없다는 듯 아이는 만족스러운 듯 얼굴에 햇살이 머문다. 그 모습이, 아이가 한 말과 표정이 새벽잠을 물리치고 일어난 피곤을 말끔하게 걷어가 버린다.

아이는 엄마에게 참으로 요술 같은 존재란 생각이 든다. 눈 사태 같은 화를 만들어 주는가 하면 시냇물 같은 조용함도 주고 저는 그저 잠을 자고 있을 뿐인데 그 잠자는 얼굴로 세상을 다 얻은 듯 싶은 행복을 주기도 한다.

언제인가 이 아이도 제 갈 길을 찾아 떠나겠지. 그런 생각을 하면 벌써부터 가슴 한 가운데가 아리하게 아파온다. 지금 아이는 내가 없어도 살아 갈 세상을 향해 걸어가고 있는 것이겠지. 나 역시 그래왔음에도 그 생각을 하면 마음 한쪽이 서늘해진다.

내 어머니도 그랬을까.

아이 앞에서,
이제야 내가 아프게 했을 내 어머니에게 마음이 아프다.
내 손금 안에 나란히 있는 두 사람.
사랑하는 사람.

12월, 그 어느 날

바람이 몹시 차게 분다. 12월이 자신의 기세를 인지시키려는 노력같이 보여서 일까. 찬바람이 귀엽게 느껴진다. 일이 산더미처럼 쌓였는데 12월의 몸부림은 마음을 창으로 향하게 한다. 흔들리는 바람, 울부짖는 깃발, 할퀼 듯 뱉어내는 바람소리...
지난 밤 꿈속에 어떤 여자와 아주 환하게 웃었던 생각이 난다.

꿈이란 뭘까. 대학원 합격 통지서를 받았다. 이것이었을까. 내 꿈이란 것은. 어떤 것을 향해 치닫던 것에 대한 팔십프로의 도달했다고 느껴지는 그것. 그것인가. 지난날에는 분명히 알 것 같았던 그 꿈이라는 것이 언제부턴가 생소한 단어가 되어 불쑥불쑥 고개를 내밀어 나를 혼란스럽게 만든다.

꿈. 이. 라. 는. 게. 뭘. 까.
그리고 그 꿈은 지천명의 나이인 나에게 무슨 의미일까.

많은 여자들이 그런 것처럼 나 역시 주부, 엄마라는 것과 일을 병행 하느라 바쁜 삶을 살았다. 그 와중에도 꿈이라는 것은 욕망의 어떤 부분이 되어 젊은 시절 놓쳤던 글공부를 하게 했고, 뒤늦게 배움의 길로 들어서게도 했다.

이 사회의 일원이라는 것을 인식할 수 있는 일도 놓칠 수 없었고, 아이들의 엄마라는 자리도 놓칠 수 없었고, 내 인생에 의미와 가치가 되어 준 글도, 공부도 외면할 수 없었다. 그러한 것들을 놓쳐서는 안 된다고 내게 다짐하게 만들고, 왜 그래야 하는 지에 대해 막연하면서도 알 수 없는 확신 같은 믿음을 주며 날 손짓한 것 역시 그 꿈이라는 것이었다.

꿈이라는 놈의 유혹은 내게 늘 달콤해서 피곤을 무릎 쓰고 책을 볼 수 있는 힘을 주었고, 밤을 새워가며 글을 쓰고 끊임없이 무언가를 하기 위해 노력하는 사람으로 만들어 주었다. 때로는 마약성이 가장 강한 끌림으로 이끌기도 했고, 때로는 간절함의 그 무엇이 되어 내게 손짓을 하고 담금질을 해댔다.

그런데, 알. 수. 가. 없. 다.
내가 꾸고자 한 꿈은 무엇이었을까.
무엇이었을까. 이렇게 오래도록 내 마음을 쥐고 놓아 주지 않았던 그 질긴 욕망의 정체는… 삶이었을까. 무엇이 되고자 함이었을까. 행복이었을까.

인생에 있어 가볍지 않은 나이가 되어서야 문득 꿈이라는 것에 사기 당했던 건 아니었나 싶은 생각이 들기 시작했다. 무엇이 되고자 하는 것이 꿈이었다면, 나는 무엇이 되고자 한 것일까.

아직 이렇다 할 명분의 사람이 되지 못했으니. 그 꿈은 여전히 먼 곳의 꿈 일 뿐이다.

꿈이 삶이었다면, 꿈이라기 보단 삶을 살기 위한 길들임이 내게는 더 익숙할 뿐이니 그 또한 아직 다 하지 못한 숙제일 뿐이다.

행복일까 생각해보면, 지천명의 나이가 되도록 행복은 힘들 때 맞는 포도당의 모습일 뿐 슬프고 마음 아린 날들이 더 많았다. 아픔과 쓸쓸함이 더 무게가 깊은 삶에 행복은 익숙하지 않은 솜털을 만지는 것 같은 어색함, 낯선 얼굴의 모습으로 더 가깝게 느껴진다. 내겐 아직도 무지개 같은 이데아의 모습이 행복이 아닐까 싶다.

꿈은, 혹, 처음부터 그저 꿈인 것은 아니었을까.
평생 속았단 생각을 하게 되었다면 너무 심한 피해 의식일까.
그러함에도 불구하고 여전히 꿈이라는 것을 믿을 수밖에 없다. 그것은 참으로 이상한 것이어서 대단하게 차려진 식탁의 음식보다 배부른 감정을 줄때가 더 많고, 피곤한 날에도 연민 없이 가장 강한 채찍질을 내 자신에게 가힐 수 있게 하는 이상한 힘을 주니까 말이다. 사는 데 있어 그것보다 더 강렬한 포도당 주사를 나는 못 보았던 것 같다.

꿈 꿀 일이다. 평생. 삶이 다 하는 그날 까지…
그것이 무엇을 향한 것이든 그것은 중요하지 않다. 삶 앞에 꿈은, 칼바람을 앞세운 12월에도 사랑을 꿈꾸는 여자의 미소처럼, 연인들의 마음처럼 춥지 않고 달콤하게 내일을 기다릴 수 있는 가장 따뜻한 힘을 주는 약속 같은 거. 꿈이란, 그런 것 아니겠는가 말이다.

언덕 위의 하얀 집

나무로 된 울타리가 죽 쳐져 있었다. 울타리는 형부의 작품이라 했다. 무언가에 울타리가 쳐져있고, 없고는 참으로 다르다. 울타리에서만 주는 아늑함이 첫인상으로 다가왔다. 넓지 않은 마당에 뽀얀 자갈이 깔려 있어서 여름비에 축축할 수 있는 마당을 깔끔한 모습이게 했다. 개구쟁이 어린아이들의 얼룩진 얼굴을 세수 시켜 놓았을 때 같은 맑음을 준다.

자갈이 깔린 넓지 않은 마당을 경계로 오밀조밀 키 재기를 하는 식물들이 가득 심어져 있다.

고추, 깻잎, 호박, 가지, 토마토, 옥수수… 키재기를 하는 듯 오밀조밀 심어져 있는 그것들은, 나에게 마음과 몸이 놓이는 것 같은 진정한 의미의 친정을 느끼게 해 줬다. 집안에 무언가가 자라고 있다는 것에서 오는 달콤한 아늑함, 마치 오래도록 추운날씨에 밖에 있다가 군불을 잔뜩 핀 시골방의 아랫목에 배 깔고 누워 있는 것 같은 휴식을 생각하게 했다. 마음과 몸이 아주 편안해져서 놀이처럼 잠이 들 것 같았다.

오랫동안 직장생활을 해 온 엄마의 집이었다. 아버지도 안 계시고 칠순이 훨씬 넘어 팔순을 바라보는 엄마가 집을 짓겠다고 했다. 아파트의 편안 생활에 익숙한 엄마가 팔순 가까운 나이에, 그것도 도심에서 벗어난 곳에, 몸이 건강한 사람도 아닌 엄마가 집을 짓겠다고 했을 때 강력하게 말은 하지 못했지만 나의 생각은 반대였다. 오랫동안 살아 온 편안한 환경을 접고 젊은 나이도 아닌데 그저 적당히 살면서 삶을 조금 즐기기를 원했던 마음이 더 많았다.

노인네의 고집이라고 치부하면서도 내가 지어주는 집이 아니어서 심한 반대는 할 수 없었다. 엄마가 집을 짓는 동안 늘 그랬던 것처럼 내 삶을 더 챙기느라 제대로 살펴드리지 못했다. 엄마와 이웃해 살고 있는 언니와 형부에게 나의 마음도 슬쩍 얹어버리고 말았다.

자식은 참으로 이기적이다. 제 삶 밖에 알지 못한다. 다른 사람은 모르겠으나 나는 늘 가족들에게 부족하다. 약 사개월 동안의 부산스러운 시간이 흐르고 집이 완성되어 우리 형제들 모두 모였다. 넓지 않은 마당이었지만 마당의 구실을 톡톡히 하는 마당 덕분에 엄마에게서 생이 시작되어 각자의 삶을 살겠다 흩어진 자식들이 모두 모여 집 안이 아닌 하늘을 지붕으로 이은 마당에서 고기를 구워 먹었다. 화덕에 불을 짚혀 구워먹는 고기는 참으로 맛있고 달았다. 모두가 껄껄 깔깔 밤이 늦도록 즐거웠다.

장군같이 듬직하고 우람하기 까지 했던 엄마는 지천명의 나이가 되어 안아보니 안은 두 팔이 남는다. 그 모습을 하기까지 엄마는 지금의 우리가 될 때까지 얼마나 마음을 조아리고 살아왔을까. 다 모인 자식들 모습이 좋은가. 조글거리는 주름이 가득한 얼굴에 웃음이 떠나지 않는다.

집 뒤쪽으로 야트막하게 언덕을 이룬 산에 나무가 많은 모습이 무척 마음에 든다. 까치가 날아들어 엄마가 심어 놓은 옥수수 알를 빼 먹는다고 속상해 하는 엄마와는 달리 까치가 날아와 깍깍 거리는 모습도 나는 무척 마음에 들었다.

도심에서 밀려 난 시골의 여름밤은 참으로 맑고 청아했다. 내 주위를 맴돌며 한번이라도 물어 보겠다 호시탐탐 노리는 모기마저 오염되지 않은 느낌을 주었다고 한다면 억지일까. 밤이 깊도록 반딧불이 윙윙 거리는 여름밤에 도란도란 이야기로 꽃을 피웠다.

아파트였던 옛날 엄마의 집에서도 나는 불만이 없었는데도 아파트가 아닌 땅의 힘을 받고 지어진 엄마의 집은 이상하게도 더 있고 싶은, 사람을 불러들이는 힘 같은 것이 느껴졌다. 그동안 잘 나니지 않았던 남동생도 집을 지으면서 뻔질나게 드나들었다며 엄마는 좋아한다.

집은, 그래야 할 것 같다. 무조건의 휴식을 주는 곳, 힘들 때 생각나고 가고 싶은 곳, 무방비의 자유로움이 공기 속에 떠도는 곳.

그런 생각을 하고 있을 때였다. 우리와 함께 나란히 누워 이야기를 하던 엄마가 불쑥
"아, 이제야 꿈을 이뤘다. 너희들 꿈은 뭐냐?"
"꿈?"
팔순을 가깝게 둔 엄마의 입에서 흘러나오는 꿈이라는 단어는 참으로 신선하면서도 경이로운 생각이 들게 했다.

아주 옛날부터 꾸어 온 꿈이라고 했다. 작은 집을 짓고 텃 밭을 가꾸며 사는 것이. 돌이켜 생각해보면 엄마의 그 말을 처음 듣는

건 아니다. 내가 귀 담아 듣지 않아서였지 그 말을 엄마는 몇 번인가 했었다.

젊은 날 엄마의 '언덕 위의 하얀 집' 은 그냥 그런가보다 했었는데 팔순이 가까운 엄마의 입에서 흘러나온 꿈이었다는 '언덕 위의 하얀 집' 은 많은 생각을 하게 했다. 엄마에게 꿈인 줄도 모르고 힘들다는 이유로 집 짓는 것을 반대하고, 내가 보살펴 주지 못한다는 상황 때문에 아파트의 편리함을 주장 했던, 내 자신이 부끄럽고 민망했다.

어이없게도 나이가 많은 어른들에게는 꿈 같은 것은 없는 줄 알았다. 그들의 꿈은 흔하게 들어왔던 '자식 잘 되는 것' 그런 것들 뿐인 줄 알았다.

엄마의 꿈 이야기는 엄마를 사랑스런 모습의 여인을 생각하게 했다.

나는 무슨 꿈을 꾸어야 할까.
그리고 어떤 집을 지어야 할까.
훗날 나의 자식들을 다 불러 모을 수 있는 집을 짓고 그들에게 말하고 싶은 나의 꿈은 뭘까.

울타리 아래로 채송화도 심고 해바라기도 심어야겠다. 멀리서 보아도 금방 엄마의 집임을 알 수 있도록.

노랗고 듬직한 해를 품는 해바라기를 많이 심어 이 집에 따스한 햇살이 오래도록 머물 수 있게 해야겠다. 나의 아이들과 조카들, 우리 자매들과 동생을 비롯한 식구들이 엄마의 꿈 안에서 편히 잠들고 아침을 맞을 수 있는 따스한 집이 되도록.

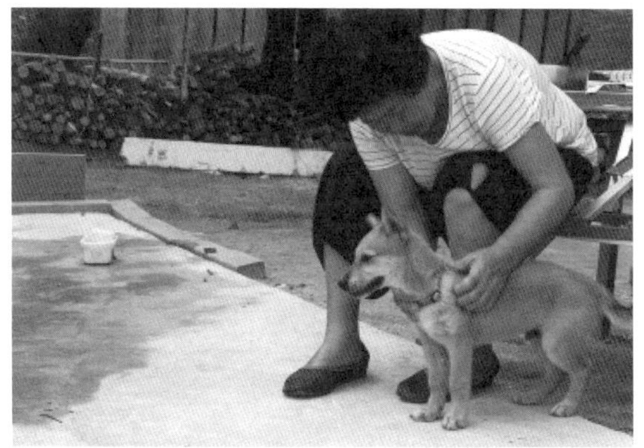

혼자 하는 명 강의

화면 속의 남자가 웃는다. 눈도 떴다 감았다 하면서 액션도 크다. 나와 눈을 맞추느라 애를 쓰는 것 같기도 하다. 이마를 찡그리기도 하고 코끝이 벌렁거리기도 하고 입을 앙 다물기도 한다. 보조개도 있다. 나를 가르치느라 참으로 애를 쓴다. 남자는 가끔씩 자신의 강의를 잘 듣고 있는지 확인하는 아이콘을 보낸다. 그 아이콘에 "예" 라고 클릭하지 않으면 화면이 다음으로 넘어가지 않는다. 강의는 중단되고 남자의 표정은 굳어지며 위협한다.

'더 이상은 안 가르쳐 줄 꺼야!'

"예" 라고 클릭 사인을 보내면 중단된 위협이 풀리고 애교 앞에 삐쳤다 마음 푼 애인의 표정이 되어 온 마음을 다 해 또 나를 가르치기 위해 애를 쓴다.

요즘 사이버 강의는, 요령을 피우지 못하게 중간 중간 체크를 해야 진행이 되도록 설계되어 있나보다. 중간 체크를 통해 강의를 듣지 않고도 들었음을 표방하는 것을 막고, 실질적인 강의를 제대로 듣지 않고 출석을 인정받으려는 수강생들의 꼼수를 막아보려는 것 같다. 화면 속 남자는 그래서 잘 듣고 있는지를 확인하는 아이콘을 보냄으로써 내가 진짜 배울 의도를 가지고 잘 듣고 있는지, 자신의 강의를 듣는 진짜 청강생인지를 확인받고 싶은 것일 것이다. 이것 역시 화면 속 남자와 내가 교류해야 할 부분임에도 디지털시대답게 아이콘 하나에 의지하는 마음과 믿음을 싣고 있다는 것이 한편으로는 신선하면서도 쓸쓸한 마음을 갖게 한다.

이 남자는 알까. 디지털시대에 발 맞춰 철저하게 관리하고 있다고 믿고 있겠지만, 지금 자신이 하고 있는 강의는 사운드가 꺼진 강의 화면임을, 강의를 듣는 사람의 눈은 오픈되어 있지만 공부에는 관심이 없다는 것을.

미안한 마음이 든다. 사운드를 켠다. 영어로 하는 강의다.
어쩌나. 사운드를 켜나 끄나 나에겐 똑 같다. 알 수 없는 언어들. 사운드를 다시 끈다. 알아듣지 못하는 그 남자의 열 띤 강의가 나에겐 소음과 다를 바 없다. 그림자처럼 조용히 그 남자는 소리치고 손짓하고 두 눈을 부릅뜨면서 가르치는 일에 여념이 없다.

딸아이가 약속이 있다면서 칭얼대었다. 지금 내가 듣고 있는 강의는 딸아이가 듣는 교육 강의이다. 딸에게 예정에 없던 약속이 생겼단다. 다음 강의를 듣기 위해선 이 강의를 들어야 하는데 이미 아는 내용인데다 지금 당장 들을 시간이 없단다. 반드시 "예" 클릭을 해야 강의가 넘어 가서 다음 강의를 듣게 되는데 말이다. 해서 간곡히 부탁을 하는 아이의 청을 거절할 수가 없어 약속을 지키러 나간 딸 대신 내가 강의를 듣기로 했다. 공부를 안 하려고 하는 것도 아니고, 어쩌다 긴급한 일이 생겼다는데, 더군다나 아이가 도움을 청할 당시만 해도 나는 별 할 일이 없었던 터라, 거절할 변명거리가 없어 아이의 요구를 들어주었다.

남자는 한 시간이 넘도록 나에겐 소음일 뿐인 소중한 강의에 열과 성의를 다 한다. 그의 노력이 느껴져서 처음 강의를 듣기 시작 할 때의 가볍게 생각했던 것과는 달리 시간이 지날수록 마음이 아파온다. 내용은 모르지만 분명히 명 강의일 것 같다. 그의 손짓, 표정이 그걸 느끼게 한다. 굳이 인지언어학적 관점이 아니라 해도, 몸은 때로 말하지 않아도 말보다 더 진하게 의사를 전할 수 있다는 것을, 나는 안다.

그 남자를 물끄러미 바라본다. 혹, 나는 이 남자처럼 살아 온 것은 아닐까. 살아오면서 온 힘을 다 한 나의 정성과 사랑이 어떤 이에게는 이렇게 소음밖에 되지 않았던 것은 아닐까.

중요한 것을 놓치고 알려주지 못하는 일이라도 생길까 화면 속 남자는 몹시 걱정되나 보다. 되풀이 하고 설명해 주고 화면 밑 부분에 메시지도 남긴다. 그리고 듣고 있냐고 묻는다.
"내 말 듣고 있어요?" 하고 수 없이 물어 보았던 가족 앞의 내 모습 같다.

내가 그렇게 수없이 확인하며 챙겼던, 그리고 듣고 있을 거라 믿어서 최선을 다 할 수 있었던 '나의 강의'를 어쩌면 나의 가족들은 혹 사운드 끄고 마음은 다른 곳에 둔 채 소음처럼 여기며 들어온 것은 아닐까. 순간 어찌 할 수 없는 슬픔이 밀려온다. 남자를 다시 바라본다. 남자는 무엇을 향해서, 저토록 힘찬 손짓을 할 수 있는 걸까. 내가 듣고 있다 해서 저렇게 힘차게 강의를 하고 있는 건 아닐 것인데 말이다.
강의는 끝없이 이어진다.

보고만 있어도 열과 성의를 다 하는 걸 알 수 있는, 화면 속 남자의 강의를 들으면서 문득 강의는 누가 듣는다 해서 중요시여기고, 듣지 않는다 해서 중요시여기지 않는다는 건 강의하는 사람의 올바른 자세는 아니지 않을까 하는 생각이 들었다. 물론, 내 말에 귀

기울여주고 마음을 준다면, 그러한 대상이 내가 사랑하는 가족들이라면, 나의 강의에 대해 더 없이 행복감을 느꼈을 것은 자명한 일이겠지만, 내게 주어진 시간에 최선을 다 한 강의이면 그것으로도 내 삶에 후회할 일은 아니지 않을까. 설령, 나의 가족들에게 쏟은 사랑이, 그들에게는 소음과 먼지만큼의 가벼운 울림이었다 해도, 그들의 삶 속에 내가 뿌린 진심과 사랑은 생의 존재처럼 켜켜이 묵혀 스며들어 있지 않겠는가 말이다.

나는 잠시, 내 강의를 듣지 않았다 해서 그들에게 최선을 다했다 믿었던 '나의 강의' 를 후회하고 그들을 원망할 뻔했다. 그들의 생각을 내게 맞추려고 한 잠시 동안의 나의 생각에 부끄러움이 느껴졌다. 화면 속 강의는 내가 들어야 할 참으로 명 강의였다. 강의는 내 삶에 한결 의미를 갖게 했으며 가족들 앞에 어떤 모습의 나여야 할지, 그 가치와 행동의 방향을 생각하게 해 준다.

화면 속 남자의 강의가 계속되고 있다. 사는 동안, 나의 강의도 힘차고 열정적이게 그 남자가 흉내 낼 수 없는 애정을 듬뿍 담아서 계속 될 것이다.

아이의 청을 들어 주기를 참으로 잘 하였다.

고유함의 인식

존재라는 단어를 사전에서 찾아보면, “사람이나 사물이 실제로 현실에 있음” 이렇게 나와 있습니다. 우리는 지난 주 참으로 안타까운 일을 겪었습니다. 내 아이가 아니어서 다행이다 이런 생각이 들던가요? 그런 생각보다는 아, 어쩌나, 저 귀한 생명이 아까워서 어쩌나… 이런 생각이 더 많이 들었지요.

그들이 존재했다면, 존재함으로 있을 수 있는 꿈, 사랑, 삶. 그런 것들이 한 순간에 무너져 내리는 모습을 보면서 다른 모습, 다른 사람들임에도 우리 모두가 그 아이들의 부모가 되었습니다.

뉴딜정책으로 유명한 미국의 루스벨트 대통령은 미국사람들이 존경하는 분들 중에 한 사람입니다. 청년시절 그는 매우 장래가 유망한 젊은이였습니다. 그러나 39세의 나이에 소아마비에 걸려 휠체어에 몸을 의지할 수밖에 없게 되었습니다. 실의에 빠진 루스벨트가 약혼녀인 엘레나에게 물었습니다.

“내가 불구자가 되었는데도 나를 사랑합니까?”

약혼녀 엘레나는 이렇게 말하였다고 합니다.

“당신은 내가 당신의 성한 다리만 사랑한 줄 아셨나요! 내가 사랑한 것은 루스벨트라는 사람이었습니다.”

오래 전 일입니다.

저는 세상일에 욕심 많고 어떤 것이든 나 스스로 일궈나가는 것을 좋아합니다. 뒤 늦게 시작한 공부와 사업이 무척 재밌었습니다. 많이 힘들고 피곤했지만 행복했습니다. 근데 신은 모든 것을 주지는 않는 가 봅니다. 좀 피곤하다는 생각을 자주 하곤 했었는데 그것이 암 세포가 제 몸에 번식하고 있기 때문인 줄은 몰랐습니다.

뻗어 나던 꿈이 한꺼번에 와르르 무너지더군요. 수술할 당시만 해도 암이 주는 아픔을 인식하지 못했습니다. 그 아픔을 인식하지 못한 우매한 저를 일깨우기 위함이었을까요. 암세포는 계속 자라나기 시작했습니다. 참으로 힘든 시절이었습니다. 저의 집의 평안함과 잔잔한 행복은 식구들 사이의 웃음이 사라져가는 것으로 무너져갔고 나의 아픔에 최선을 안 하는 것 같은 서운함에 식구들을 원망하게 만들었지요.

항암치료를 할 때였습니다. 독성 높은 항암제를 제 몸에 주입한 지 꼭 이주일 만에 머리가 다 빠졌습니다. 세상에 나 만큼 잘난 사람 없다 하며 도도하게 살아 온 저의 모습 대신 머리가 다 빠진, 병든 여자의 모습인 저를 대하는 게 암이라는 사실보다 저는 더 힘들었습니다. 삶의 의미와 가치가 되어 주었던 사업도 공부도 할 수가 없었습니다.

내가 어찌 할 수 없는 어떤 거대한 힘이 나의 일 임에도 불구하고 내 의사와는 상관없이 진행되었고, 아무것도 할 수 없는 것으로, 제 무릎을 꿇게 했습니다. 삶의 자존은 무너졌고 저는, 저의 존재마저 의심해야 했던 시절이었습니다.

한참 더운 여름 날 머리카락하나 없는 머리를 하고 이 세상에 삶의 모습으로 존재하기 위해 제 자신과 치열하게 싸움을 해야만 했습니다.

딸아이는 외국 연수를 가고 남편은 출장을 간 어느 밤이었습니다. 깊은 밤이어서 사람들이 없을 거라는 것에 용기를 얻어 집 가까운 공원엘 갔습니다. 간간이 벌레 울음소리만 있는 아무도 없는 공원을 한참동안 걸었습니다.

이 세상에 나 혼자였습니다. 나의 고통과는 상관없이 출장가고 공부하는 딸과 남편에게 서운했던 마음이 더욱 혼자라는 생각을 아프게 했습니다.

머리에 두르고 있던 얇은 모자를 벗었습니다. 밖의 바람을 참으로 오랜만에 맞는 내 머리는 너무도 시원했습니다. 죄를 지은 것도 아닌데 누가 볼까봐 여름밤의 달빛과 별빛을, 머리에 닿는 시원한 바람을 남 몰래 맞고 있는 제 자신이 너무도 가여워 눈물이 흘렀습니다. 엉엉 아이처럼 울었습니다. 한참을 울고 나니까 그동안의 억울함과 서운함 절망감과 외로움이 해소되는 것 같았습니다.

나는 누구였을까. 나를 사람들은 어떻게 기억할까. 얼굴이 작은 사람, 남편 앞에 성질 고약한 사람, 직원들과 아이들한테 많이 들었던 엄한사람.

저는 그때 비로소 알게 되었습니다. 저는 식구들이 내가 되어 나의 고통과 절망을 알아주기를 바라고 있었다는 것을. 그러한 바램 때문에 식구들에게 느낀 서운함이 더 컸던 것을.

그러한 것을 바라는 나의 맘에는 나의 고통만 있었던거지 내 고통으로 인한 나의 식구들의 고통은 생각하지 못하고 있음을 알게 되었습니다. 그들은 나의 고통을 모른 척 한 것이 아니라 나와 다른 그들이어서 그들의 방식대로 안타까워하고 있었을 뿐이라는 생각이 비로소 들었습니다. 그러한 생각이 들자 그동안 날 괴롭혀왔던 서운함과 외로움이 바람결에 씻긴 듯 가슴에서 사라져가고 오히려 나의 사랑하는 사람들에게 이런 아픈 모습을 보게 하여 미안한 생각마저 들었습니다.

크리스토퍼 동료 여러분

우리는 모두가 다릅니다. 다른 얼굴로 태어났듯이 다른 생각, 다른 개성들이지요. 우리는 가까운 사람들한테, 최숙 선생님을 정연나 선생님이기를 바라고 있었던 것은 아닐까요. 우리는 혹 정연나 선생님이 이정인 선생님이기를 원하고 있었던 것은 아닌지요. 그들의 고유함을 인식하기보다 나에게 좋은, 나에게 편한, 나의 어떤 사람이기를 바라고 원해서 갈등을 일으키며 살고 있는 건 아닌지 모르겠습니다.

장미꽃은 장미꽃이어서 아름답다는 사실을 인정해야 겠습니다. 코스모스는 코스모스일때 참으로 아름답다는 사실을 가슴속 깊이 깨달아야 겠습니다. 다름을 인정하고, 다름을 발견하고, 다름을 더 발전시킬 줄 아는 것이야 말로 진정한 리더의 참 모습이 아닌가 생각합니다. 우리는 모두, 이 세상에 존재하는 누구와도 닮지 않은 단 하나, 가장 유일한 존재이니까요.

여러분, 여러분의 고유함을 인식하고, 서로 인정하며 사랑하는 여러분이 되시기를 기원합니다.

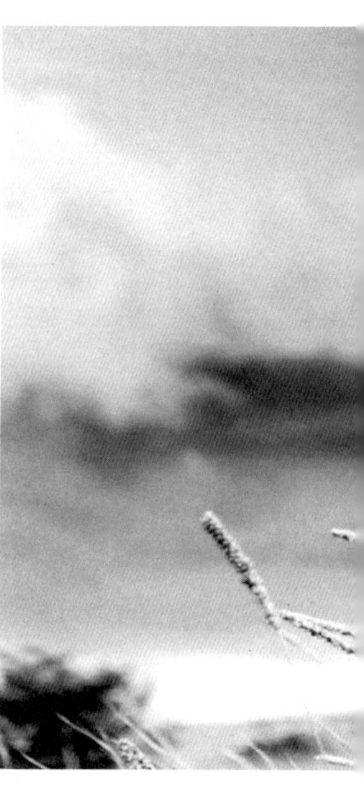

격려의 글

아름다운 세상을 만드는 촛불

한 상 선
경인매일 기자 · 한국크리스토퍼리더십 강사

아름다운 소녀가 있었습니다. 그 소녀는 글쓰기를 좋아했고 어느덧 중년이 되어 자신의 삶을 담은 에세이집을 출간하는 것이 꿈이었습니다. 그녀가 걸어온 길은 도전의 연속이었고 그녀가 살아가는 길은 담대한 희망과 사랑이 있었습니다.

육신이 아플 때도 있었습니다. 그러나 그녀는 육신의 아픔 따위는 스스로 이겨낼 수 있는 힘이 있었습니다. 그녀에게는 우리가 사는 세상에 자신의 미소처럼 아름다운 희망의 메시지를 남기고 싶었기 때문입니다. 그리고 이제 그동안의 열정을 담아낸 수필집을 출간하게 됩니다.

최지은 작가. 그녀는 리더십을 아는 여성입니다. 가정에서 사업 현장에서 늘 바쁘게 움직이지만 매주 화요일이면 리더십 강의 현장에 나타납니다. 바로 '어둠을 탓하기 보다는 한 자루의 촛불을 켜라' 라는 모토로 리더십 프로그램을 운영하는 한국크리스토퍼

리더십센터의 강사로 활동하기 때문입니다.

그녀의 강의를 듣고 감동을 받은 수많은 지역의 리더들은 더 많은 사람들에게 아름다운 세상을 만들어 가는 촛불 역할을 하고 있습니다. 향기가 있는 그녀의 삶 자체가 우리에게 멘토가 되고 있습니다. 그녀는 긍정의 마음을 우리에게 일깨워 주고 있습니다.

공자가 말씀하기를 '세상을 돌고 보니 하늘도 문제가 아니고, 땅도 문제가 아니고, 오직 사람의 마음이 문제다' 라고 했습니다. 모든 것은 사람 마음에 달렸다는 이야기입니다. 사람의 마음에 행복과 불행이 공존하는 것이죠. 마음에 있어서 최고의 비타민은 긍정적인 마음입니다.

최지은 작가의 수필이 앞으로 우리가 살아갈 삶의 나침반이 되기를 기대합니다.

나는 누구였을까

누구와도 닮지 않은 단 하나

오늘을 살아가는,

나